U0522758

新常态下服务业
发展趋向与税改动力

刘 涛 著

商务印书馆
2016年·北京

图书在版编目(CIP)数据

新常态下服务业发展趋向与税改动力/刘涛著.—北京：商务印书馆，2016
ISBN 978-7-100-12254-2

Ⅰ.①新… Ⅱ.①刘… Ⅲ.①服务业-经济发展-研究-中国 ②税收改革-研究-中国 Ⅳ.①F719 ②F812.422

中国版本图书馆 CIP 数据核字(2016)第 109869 号

所有权利保留。
未经许可，不得以任何方式使用。

新常态下服务业发展趋向与税改动力
刘 涛 著

商 务 印 书 馆 出 版
(北京王府井大街36号 邮政编码100710)
商 务 印 书 馆 发 行
北京市艺辉印刷有限公司印刷
ISBN 978-7-100-12254-2

2016年4月第1版　　开本 880×1230　1/32
2016年4月北京第1次印刷　印张 7⅜

定价：36.00元

序

三四年前,当我在一些场合分析中国经济增长速度会发生趋势性放缓,提醒人们特别是企业家要有准备的时候,经常会听到这样的疑问和担忧:我们的就业会受什么影响?经济未来的出路在哪里?我的回答是:靠转型寻找新动力,靠发展服务业扩大就业新渠道。最近几年的实践证明,与我国经济转型相伴随的产业深刻变革,特别是服务业发展,正在积蓄新的增长动能、开拓新的市场需求,为服务业自身的进一步发展带来新的机遇,也为确立新的经济发展方式打下可靠的产业基础。

统计数字表明,服务业活力凸显,确实成为经济转型的新动力和扩大就业的主渠道。服务业活跃程度连续多年超过制造业,一直处于扩张区间。最近几年来,制造业采购经理指数往往在50的荣枯线上下徘徊,有时连续数月低于50,落入收缩区间;相比之下,服务业商务活动指数一直高于制造业,繁荣的时候接近60,低迷的时候也在52左右,从未低于50。从总规模看,我国服务业已经成为国民经济第一大产业,甚至跃居世界第二位;按增加值比重衡量,我国初步形成了"三二一"(即比重依次为第三产业、第二产业、第一产业)的现代产业结构排序。从内部结构看,新兴服务业成长迅猛,一个生命力旺盛的新兴业态迅速拉动另一个新业态的繁荣,这在以往令人难以想象。更值得注意的是,近年来,我国服务业就业人数在全社会就业总数中的比重已经连续4年超过第二产业和第一产业。从经济增速和就业增长的关系看,我国经济增速最近3年连续低于8%,但是每年城镇新增就业不仅没有减少,反而大大超过预期目标。这已经彻底颠覆了过去长期形成的经济增长必须保8%才能保就业的思维定式。在经济增长速度逐年放慢的情况下,国家宏观调控的新增就业目标不但没有调低,反而比以往还有所调高,这个底气从哪里来?答案很清楚:来源于服务业的发展态势和潜力。

我国服务业有这样好的表现,不是无本之木、无源之水,而是有着旺盛的市场需求和深厚的供给基础。根据国务院发展研究中心相关课题组的研究,目前我国人均GDP按1990年国际元计算已达到11000美元,经济发展水平迈进上中等收入国家行列,消费水平由温饱型上升为小康型,流通基础设施有了显著改善,因而,服务业发展的市场需求和供给条件都已经大大好于以往。通俗一点讲,就是形势比人强,如果这个时候服务业还不能实现蓬勃发展,那就对不起这些客观条件。我们应当有所作为。

需要指出,我国服务业之所以能够迸发出这样蓬勃的发展势头,注定是在整个经济发展方式转变和市场化改革不断深入的背景下才有可能的。不能回避的是,服务业发展还面临一些体制缺陷和观念制约。比较突出的有:营业税重复征收,与增值税并行,加重企业税负,不利于深化专业化分工;一些地方画地为牢,分割全国统一市场,阻碍生产要素自由流动,削弱公平竞争;一些地方领导误认为服务业不过是零售餐饮洗头捏脚之类的小打小闹,发展地方经济还得靠重化工业大项目和大投资,如此等等。深入研究我国服务业的发展,一方面要敏锐观察整个经济发展背景的阶段性变化,例如当前最热门的话题——经济发展由主要依靠要素投入和规模扩张的"旧常态"转向主要依靠创新驱动和效率提升的"新常态";另一方面更要研究如何抓住改革带来的新机遇,例如剖析当前税制改革和结构性减税对服务业的影响、服务业实行营业税改征增值税改革的成效、如何进一步破解服务业发展面临的体制障碍。当然,改变一些地方领导鄙薄服务业的糊涂观念也是很有必要的。

刘涛撰写的《新常态下服务业发展趋向与税改动力》,立足于经济发展"新常态"这一新背景,抓住服务业"营改增"这条改革新线索,对如何促进我国服务业健康发展进行了深入探讨。以往研究我国服务业发展的文献虽已汗牛充栋,刘涛的新著在借鉴已有研究成果的同时,可以说有以下一些新的特点和创见。

一是立足于我国经济转型和产业升级的客观趋势,力图准确把握服务业发展的阶段定位和目标取向。作者认为,进一步促进服务业规模壮大、水平提高、比重上升,既是我国经济向新常态过渡的重要标志,也是促成经济新常态的迫切要求。并且强调,与世界大国地位相匹配的不能限于制造业产能,还要有掌控"微笑曲线"两端增值服务的能力。确实,研究我国服务业发展的前景和目标取向,应当紧扣壮大实体经济、增强制造业核心竞争力、提升我国产业的国际分工地位这样一些基本的出发点,使服务业的发展具有坚实的基础和持久的动力,避免服务业虚拟化、泡沫化,失去服务对象,片面地自我膨胀。

二是借鉴有益的研究方法和分析框架,对我国服务业发展特别是结构变化的研判和预测提出了新的视角,有助于研究的深入细化。作者运用国际对比和结构分析,将我国服务业发展置于发达国家实现工业化进程的历史背景下,为分析我国服务业发展所处的阶段和未来趋势提供了具有可比性的国际参照系。这也是本书突出的优点。我认为,比国际比较视角本身更重要的是可比性,即这种国际比较是否剔除了发展阶段不同之类的不可比因素。现在国内一些与发达国家的比较研究往往不注意剔除这些不可比因素,不仅在学术上经不住推敲,而且容易误导舆论和决策。因而,应当注重与发达国家在相同发展阶段的结构特征进行对比,这样才能得出靠谱的结论,也才具有学术价值和决策参考价值。

在结构分析上,作者借鉴了美国经济学家辛格曼的"四分法",即把服务业划分为流通性服务业、生产性服务业、个人服务业、社会服务业四大类别,更细致地研究了典型工业化国家和我国的服务业结构演变趋势。近些年来,我国通常用"二分法"(即把服务业分为生产性服务业和生活性服务业)来研究服务业发展并作为相关政策依据,好处是比较简便,但失之于笼统,针对性不够鲜明。因此借鉴"四分法"的分析框架,可以更具体深入地揭示服务业不同门类在不同经济发展阶段的规律,可以更明确地描述服务业的阶段定位和发展趋向,也有利于提高决策的科学性和针对性。

三是关于我国服务业结构变革的前景预测和思路建议,对研究制定"十三五"经济社会发展规划具有参考价值。作者的研究表明,我国服务业内部结构演变基本符合典型工业化国家相同发展阶段的典型化事实,预计"十三五"初期,我国服务业增加值占GDP比重将突破52%,2020年将会在57%左右;生产性服务业增加值比重在2015年就会超过流通性服务业,成为服务业内部第一大行业,之后将继续保持快速发展势头。根据上述分析预测,作者建议不同类型服务业在发展思路上应各有侧重。流通性服务业应以提高生产率水平为重点,实现稳中提质;生产性服务业应以产业转型升级需求为导向,进一步提升发展水平和竞争能力;个人服务业应顺应居民消费结构升级和消费观念转变,增强服务能力;社会服务业应继续加大政府财政投入力度,并鼓励民间资本进入,实现多元化稳步发展。现在,我国开始研究制定"十三五"规划,作者的研究成果具有扎实的实证分析基础,数量指标预测也是有依据的,所提服务业发展思路有比较明确的针对性,对于服务业在未来5年甚至更长时间的发展改革规划可以提供有益的参考。

四是深入研究税制改革对服务业发展的影响,明确了进一步释放税制改革红利的思路。"营改增"是我国2012年启动的新一轮税制改革的主要内容,也是结构性减税的重要举措,这一税制改革意义深远。我在浙江温州调研时听说,当地的民营企业过去尽量把生意揽在自己手里,防止别人抢去;"营改增"以来,不少民营企业纷纷主动把生意介绍给别人去做。因为他们觉得,现在税制统一,成本和利润空间很清楚,生意给谁做都一样。这实际上正是业务集中到更加专业化的公司的过程。作者认为,"营改增"最核心的意义在于使增值税在社会各行业间连接成完整的抵扣网络,为服务业和制造业提供平等使用生产要素、公平参与市场竞争的税制环境,更好地发挥市场配置资源的决定性作用。这个判断是可以成立的。

始终注意这一改革的性质是统一税制和结构性减税,因此作者没有简单停留在改革前后税负高低的评价上,而是更多地从产业层面,分析增值税抵扣链条在不同产业间的断裂及其对服务业发展的影响。作者指出,截至目前的"营改增"试点虽然成效好于预期,但一些涉及面广、利益调整复杂的行业改革难度明显加大。

"营改增"并不是简单地对现行税制的"边际式"修补,而是在更大范围、更深层次上实现税收体系整体布局的优化。因此,不仅要重视解决技术层面的难题,更要树立法治思维,着力加快体制改革步伐。作者建议,稳步推进服务业增值税改革,注重发挥对产业发展及就业的促进效应;努力构建服务业与制造业相统筹的增值税制度,最大限度减少对市场行为的扭曲和效率损失;协同推进税收制度和财政体制改革,促进向以服务业为主导的经济结构转型。这些观点和建议体现了作者分析总结的逻辑一致性。

总之,作者紧紧抓住经济"新常态"下服务业发展这条主线,集中深入探讨未来我国服务业的发展趋势和思路以及对服务业发展影响深远的税制改革,研究角度是比较新的,研究方法是值得称道的,主要研究结论也是有启发意义的。

2015 年 4 月 14 日

目 录

前言 ·· 1
第一章 经济新常态与服务业规模领先后的发展 ················ 4
　一、经济新常态的结构特征和客观要求 ························ 5
　二、服务业发展的制度障碍与突破 ····························· 9
第二章 典型工业化国家服务业发展的阶段特征和
　　　 结构演变 ··· 17
　一、服务业发展水平与人均 GDP 的阶段性特征 ············ 18
　二、典型工业化国家服务业结构演变的经验事实 ··········· 21
第三章 我国服务业发展的阶段定位及未来趋势 ··············· 42
　一、服务业发展状况和主要特点 ······························ 42
　二、未来十年服务业发展趋势预测 ···························· 57
第四章 "十三五"时期我国服务业发展的思路和政策 ········ 64
　一、"十二五"期间服务业发展的成就及问题 ··············· 64
　二、"十三五"时期服务业发展的新背景与新要求 ········· 80
　三、"十三五"时期服务业发展的思路和目标 ··············· 87
　四、"十三五"时期推动服务业扩量增质
　　　发展的政策建议 ··· 90
第五章 我国服务业营业税制度的演进及税收收入的变化 ··· 95
　一、服务业营业税制度的基本情况 ···························· 95

二、服务业营业税收入的规模与结构 ………………… 110
　　三、现行服务业营业税制度的主要问题 ……………… 120
第六章　我国服务业增值税改革的进展与面临的问题 …… 128
　　一、增值税改革试点的进展情况 ……………………… 128
　　二、增值税改革试点的阶段性成效 …………………… 140
　　三、增值税改革试点存在的突出问题 ………………… 148
第七章　增值税改革对我国服务业的增长效应 …………… 165
　　一、增值税改革后服务行业的税负变化 ……………… 165
　　二、增值税改革后服务行业的产出变化 ……………… 173
第八章　国外增值税制度的实践及对我国的启示 ………… 179
　　一、各国增值税制度演变的主要特征 ………………… 179
　　二、代表性国家增值税制度的比较 …………………… 188
　　三、国外增值税制度的经验借鉴 ……………………… 195
第九章　深化我国服务业增值税改革的推进路径 ………… 197
　　一、需要处理好的几个重要关系 ……………………… 197
　　二、推进服务业增值税全覆盖的次序选择 …………… 202
　　三、服务业全面改征增值税的税率设置 ……………… 206
第十章　进一步推动我国服务业增值税改革的建议 ……… 208
　　一、发挥增值税改革对服务业增长及就业的促进效应 … 208
　　二、建立服务业与制造业相统筹的增值税制度 ……… 209
　　三、进一步完善分税制财政管理体制 ………………… 211
　　四、加快制定增值税法 ………………………………… 212
参考文献 ………………………………………………………… 213
后记 ……………………………………………………………… 222

前言

改革开放 30 多年来,我国经济以相当于同期世界平均增速 3 倍多的高增长,创造了人类经济发展史上的"中国奇迹",占全球经济总量的份额由不足 2% 上升到 13% 以上,昂首跨向中高收入国家行列。随着近年来支撑经济粗放扩张的要素禀赋条件发生转折性变化,我国经济开始告别"旧常态"、转向"新常态",进入到一个新的发展阶段。同样,也在最近几年,我国服务业发展接连迈上新台阶,不仅成为国民经济第一大产业,而且服务业总规模也跃居世界第二位。进一步促进服务业规模壮大、水平提高、比重上升,既是经济向新常态过渡的重要标志,同时也是促成经济新常态的迫切要求。还需重视的是,与世界大国地位相匹配的不能限于制造业产能,还要有掌控"微笑曲线"两端增值服务的能力,抢占全球价值链的制高点,从而形成智能化、服务型的先进制造业。这既是新常态下抓住用好战略机遇、实现更大作为的必然选择,更是主动塑造战略机遇、形成更大"筑梦"空间的关键抉择。

经济新常态,不是自然而然实现的,而是要锐意攻坚、主动担当,不断释放改革红利。现阶段,推动我国服务业扩量增质发展最大的制约是体制机制障碍,其中,税制瓶颈特别是营业税重复征收问题较为突出。尽管 2012 年启动的营业税改征增值税试点取得了好于预期的成效,但一些涉及面广、利益调整复杂的行业改革难度明显加大。同时,作为深化供给侧改革、实施结构性减税的重要内容,"营改增"并不是简单地对现行税制的"边际式"修补,而是在更大范围、更深层次上实现税收体系整体布局的优化以及对政府与企业关系的重构。因此,在推进服务业增值税改革全覆盖的过程中,不仅要重视解决技术层面的难题,更要树立法治思维,着力加快体制改革步伐。

在经济向"新常态"过渡的背景下,进一步深化对服务业发展规律的认识,探寻我国服务业规模领先后实现高质量增长的路径,研究推进服务业增值税改革的政策,具有重要的理论价值及实践意义。本书的研究目的在于:理清我国服务业发展所处的阶段,并揭示未来变化的轨迹,提出"十三五"时期服务业发展的思路和政策;同时,以实现货物与劳务税制统一为目标导向,重点研究"营改增"试点进展及其对服务业的增长效应、后续进一步推进试点和深化相关配套改革的建议,以期为政府部门决策提供有价值的研究成果。

全书分三个部分,共十章。第一部分是第一章,主要阐述经济新常态的结构特征和客观要求,研究在新常态下需要破除制约服务业发展的主要制度障碍,为后文的研究奠定基础。第二部分包括第二章至第四章,深入探析典型工业化国家服务业发展的阶段特征和结构演变规律,明确我国服务业发展的阶段定位及未来趋势,并结合"十三五"时期国内外发展环境的新变化,提出促进服务业扩量增质发展的思路、目标以及政策措施。第三部分为第五章至第十章,客观分析我国服务业营业税制度的演进及服务业营业税收入的变化,全面总结"营改增"试点进展,测算增值税改革对服务业的增长效应,并在梳理国外增值税制度实践经验的基础上,提出后续服务业全面改征增值税的推进路径与改革建议。

  本书在借鉴已有研究成果的同时,综合运用理论分析与实证分析、案例分析、比较分析等方法,将我国服务业发展置于发达国家实现工业化进程的历史背景下,研究这些国家在与我国相同发展阶段的服务业结构特征,为分析我国服务业发展所处的阶段和未来趋势提供了一个独特的研究视角。基于流通性服务业、生产性服务业、个人服务业、社会服务业的"四分法",更细致地揭示了美国、法国、德国、日本、韩国服务业结构演变的"典型化事实",并以此为分析框架,研究我国服务业发展现状及前景;不只停留在测算"营改增"前后服务行业的税负变化,还更多地从产业层面分析增值税抵扣链条断裂及增值税改革对服务业发展的影响,从而为相关问题研究提供了新的思路。

第一章　经济新常态与服务业规模领先后的发展

经过改革开放30多年的持续快速发展，支撑我国长期高增长的内在条件和外部环境发生了根本变化，增长速度由过去10%的高速向7%左右的中高速转换。在当前"三期叠加"①的背景下，我国经济发展已开始显露"新常态"②的端倪，并带有长期趋势性特征。与"旧常态"相比，"新常态"意味着发展动力、经济结构等方面的深刻变革。而这其中，服务业规模快速扩张并占据国民经济的半壁江山，是重要的动力转换和结构优化特征。未来经济实现"新常态"，离不开服务业的发展，需要在继续壮大服务业规模的同时，着力提升服务业发展质量和水平。而要推动服务业扩量增质发展，就需要锐意攻坚、主动作为，为服务业发展松绑，最大限度地释放改革红利，增添发展活力和创造力。

---

① 即增长速度"换挡期"、结构调整"阵痛期"和前期刺激政策"消化期"在同一时期重合出现，是对当前我国经济发展中结构性矛盾的基本概括。

② 2014年5月，习近平总书记在河南考察时指出"我国发展仍处于重要战略机遇期，我们要增强信心，从当前我国经济发展的阶段性特征出发，适应新常态，保持战略上的平常心态"。这是党中央首次提出经济发展"新常态"的重大战略判断。同年12月，在中央经济工作会议上，习总书记又提出"认识新常态，适应新常态，引领新常态，是当前和今后一个时期我国经济发展的大逻辑"，并从增长速度换挡、发展方式转变、经济结构调整、发展动力转换4个方面，全面阐述了新常态呈现的新特点；从消费需求、投资需求、出口和国际收支、生产能力和产业组织方式、生产要素相对优势、市场竞争特点、资源环境约束、经济风险积累和化解、资源配置模式和宏观调控方式9个方面，深刻总结了新常态下经济发展的趋势性变化。

一、经济新常态的结构特征和客观要求

在新常态下,经济结构将发生全面、深刻的变化,其中,服务业规模快速扩张是最为突出的特征。同时,为实现经济新常态,也迫切需要进一步促进服务业发展,使服务业成为新常态下可持续发展的动力来源和增长质量提升的重要途径。

(一)服务业发展迈上新台阶是经济转向新常态的重要标志

当前,服务业已成为世界各国综合实力角逐的关键领域,是一国经济社会现代化程度和全球价值链地位的综合反映。改革开放以来,特别是近年来,我国服务业发展最突出的特点就是规模快速扩张,不断迈上新的台阶。

从国内来看,在经济增长平稳减速的背景下,我国服务业发展稳中有进,增长势头显著。2012年,服务业实现增加值243030亿元,占GDP比重达到45.5%,超过第二产业0.5个百分点,一跃成为国民经济第一大产业。这是继2011年服务业上升为吸纳就业最多的产业之后,服务业发展取得的新突破(见图1-1)。此后两年,我国服务业保持了7.8%以上的增长,增加值占GDP比重年均提高1.3个百分点左右,到2014年已达到48.1%。

与此同时,我国服务业规模的增长也令世界瞩目。在2009年GDP总量超过日本跃居第二后,2013年服务业增加值突破4.4万亿美元,同样超过了日本,跻身全球第二,与居于首位的美国的差距也在迅速缩小(见图1-2)。

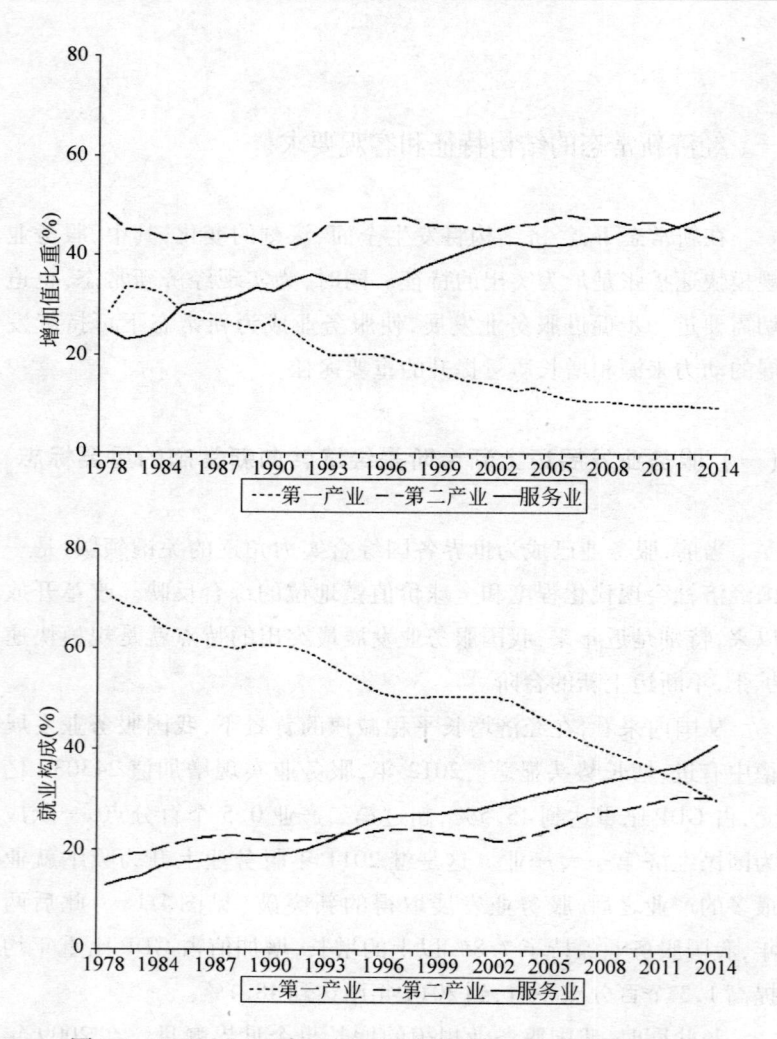

图 1-1 1978—2014 年我国三次产业增加值比重和就业比重

资料来源:《中国统计年鉴 2015》。

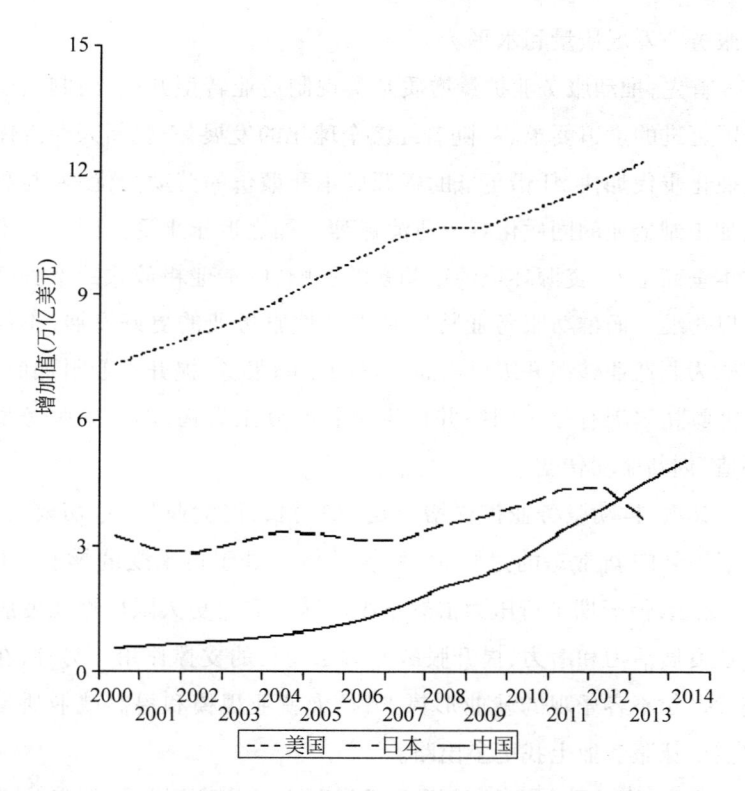

图 1-2 2000—2014 年中国、美国、日本服务业规模

资料来源：世界银行。

（二）推动服务业扩量增质是促成经济新常态的迫切要求

经济增速下台阶是客观规律使然，并不是新常态的全部含义，也不意味着新常态能够自动实现。从本质上看，经济向新常态过渡，是重塑增长动力、重构经济结构的主动作为的过程。这其中离不开服务业的发展，不仅需要继续壮大服务业规模，更重要的是提

升服务业发展质量和水平。

首先,推动服务业扩量增质是实现制造业转型升级、向制造业强国迈进的紧迫要求。① 随着经济全球化的发展,一些新兴经济体工业化步伐加快,凭借更低的资源成本和廉价的劳动力优势,与我国加工制造业的同质化竞争愈演愈烈。加之近年来受到国内要素成本全面上升、资源环境约束趋紧的影响,制造业粗放式的增长已难以为继。而推动服务业特别是生产性服务业的更好发展,不仅能够为制造业转型升级提供高质量的中间服务,提升产业附加值,还能够拓展现有分工网络并衍生出新的分工结构,加快向服务型制造、创新驱动转变。

其次,推动服务业扩量增质是"稳增长、促就业"的迫切要求。在经济转向新常态的过程中,尽管总体上处于可承受的增长"下限"之上,但短期下行压力依然不小。这就需要更大限度地激发服务业发展活力和潜力,提升服务业对稳增长的支撑作用。另外,在连续多年不容乐观的就业形势下,扩大就业规模和提高就业质量也需要从服务业上找更多出路。

再次,推动服务业扩量增质还是顺应时代发展趋势的必然选择。在新一轮科技革命和产业变革的影响下,美国提出"第三次工

---

① 随着服务业增加值比重超过第二产业,国内有关服务业和制造业孰重孰轻的讨论又开始升温。实际上,这两者之间不是非此即彼的取舍关系,而是共生共进的依存关系。特别是对中国这样的大国来讲,未来一段时期制造业仍将是产业核心竞争力的重要体现,但不是指一般意义上的加工制造业,而是智能化、服务型的先进制造业。

业革命"、德国提出"工业4.0"①,都试图加快云计算、物联网、大数据等新一代信息技术的深度应用,大力发展新兴产业,以此增强对高端产业和传统制造业高端环节的控制力。长期来讲,这将对全球产业分工体系与贸易格局产生深刻影响,对我国攀登全球价值链高端也会构成巨大压力。另外,随着我国一些领域的发展越来越接近技术前沿,对创新的需求也更为迫切。这些新挑战都要求我国顺应发展大势,充分发挥业已形成的互联网市场规模优势、企业竞争优势、商业模式优势等②,与实体产业有机融合,创造新的发展生态。

二、服务业发展的制度障碍与突破

推动经济转入新常态,需要以改革为动力;而服务业在规模领先后实现高质量增长,同样需要向改革要动力。

---

① 严格来讲,美国"第三次工业革命"与德国"工业4.0"还是存在明显区别的。美国的"第三次工业革命"是凭借其发达的软件和互联网产业,更多地从"软"服务方面对工业领域实现颠覆和变革,借助互联网、大数据等,实现工厂内外服务的网络化,并向着互联工厂的趋势发展。德国的"工业4.0"是基于强大的制造业实力,通过"信息物理系统"将各种设备接入互联网,使其具备计算、通信、精确控制、远程协调和自治的功能,从而将生产工厂转变为一个可自律操作的智能工厂。

② 目前,我国已拥有世界规模最大的宽带网络和网民群体,并且在全球互联网企业市值前10强、前30强中,我国企业分别占4家和12家,成为国际竞争的领跑者。O2O等创新模式也在快速涌现。

（一）服务业发展最大制约是体制机制障碍，迫切需要深化改革释放红利

总体上看，我国服务业仍然是经济社会发展的"短板"，服务业规模的扩大与质量的提升并不同步，明显低于发达国家和部分中等收入国家的水平。其深层次原因在于，现阶段服务业发展还面临诸多体制机制障碍。这其中，市场机制作用、准入与监管体制、多元化市场主体发育和发展、信用制度、税收制度等方面的问题尤为突出。

服务业能否在新的台阶上实现持续健康发展，很大程度上取决于发展的体制机制能否实现新突破，发展的制度环境能否得到显著改善。党的十八届三中全会通过的《关于全面深化改革若干重大问题的决定》（以下简称《决定》），为我国新一轮改革发展作出了清晰可行的战略部署。《决定》中提出的厘清政府与市场的边界，发挥市场配置资源的决定性作用，有利于从整体上完善服务业发展的制度环境，改变以往政府过度干预和缺位，为相关改革的推进奠定基础。同时，《决定》还阐述了多项改革举措，包括完善产权保护制度，发展混合所有制经济；建设统一开放、竞争有序的市场体系；放宽准入，改善监管；促进研发创新，保护知识产权；放松金融管制，改善融资环境；优化治理模式，增强社会组织和中介组织功能；完善税收制度；推进新型城镇化；建立全方位开放新格局；推进社会事业改革创新。这些都从不同侧面描绘了服务业改革的新蓝图，将对未来我国服务业发展产生重大影响（见表1-1）。

表1-1　《决定》提出的改革举措对服务业发展的影响

改革内容	具 体 论 述	对服务业发展的影响
厘清政府与市场的边界，发挥市场的决定性作用	（经济体制改革的）核心问题是处理好政府和市场的关系，使市场在资源配置中起决定性作用和更好发挥政府作用。	从整体上完善服务业发展的制度环境，改变以往政府过度干预和缺位，为相关改革的推进奠定基础。
完善产权保护制度，发展混合所有制经济	健全归属清晰、权责明确、保护严格、流转顺畅的现代产权制度。公有制经济财产权不可侵犯，非公有制经济财产权同样不可侵犯。国家保证各种所有制经济依法平等使用生产要素、公开公平公正参与市场竞争、同等受到法律保护，依法监管各种所有制经济。 允许更多国有经济和其他所有制经济发展成为混合所有制经济。国有资本投资项目允许非国有资本参股。完善国有资产管理体制，以管资本为主加强国有资产监管，改革国有资本授权经营体制。 以规范经营决策、资产保值增值、公平参与竞争、提高企业效率、增强企业活力、承担社会责任为重点，进一步深化国有企业改革。国有资本加大对公益性企业的投入，在提供公共服务方面做出更大贡献。根据不同行业特点实行网运分开、放开竞争性业务，推进公共资源配置市场化。进一步破除各种形式的行政垄断。 鼓励非公有制企业参与国有企业改革，鼓励发展非公有资本控股的混合所有制企业，鼓励有条件的私营企业建立现代企业制度。	有利于促进服务主体多元化发展，加快服务领域国有企业改革，进一步优化民营服务业企业的发展环境，形成以有效竞争为目标导向、兼顾规模经济和竞争活力的市场格局。

续表

改革内容	具 体 论 述	对服务业发展的影响
建设统一开放、竞争有序的市场体系	完善主要由市场决定价格的机制。凡是能由市场形成价格的都交给市场,政府不进行不当干预。推进水、石油、天然气、电力、交通、电信等领域价格改革,放开竞争性环节价格。政府定价范围主要限定在重要公用事业、公益性服务、网络型自然垄断环节,提高透明度,接受社会监督。	有利于促进各类服务主体的充分竞争,提高要素市场化程度,推动多层次、多元化的要素市场体系发展。
放宽准入,改善监管	实行统一的市场准入制度,在制定负面清单基础上,各类市场主体可依法平等进入清单之外领域。探索对外商投资实行准入前国民待遇加负面清单的管理模式,建设法治化营商环境。实行统一的市场监管。反对地方保护,反对垄断和不正当竞争。建立健全社会征信体系。 企业投资项目,除关系国家安全和生态安全、涉及全国重大生产力布局、战略性资源开发和重大公共利益等项目外,一律由企业依法依规自主决策,政府不再审批。 进一步简政放权,深化行政审批制度改革,最大限度减少中央政府对微观事务的管理,市场机制能有效调节的经济活动,一律取消审批,对保留的行政审批事项要规范管理、提高效率。 整合执法主体,相对集中执法权,推进综合执法,着力解决权责交叉、多头执法问题,建立权责统一、权威高效的行政执法体制。完善行政执法程序,规范执法自由裁量权,加强对行政执法的监督。	有利于转变服务业准入方式,深化服务领域的监管主体及监管方式改革,加大社会信用体系建设力度,强化政府公共服务,推动政府依法行政,建设法治政府。

续表

改革内容	具体论述	对服务业发展的影响
促进研发创新，保护知识产权	建立健全鼓励原始创新、集成创新、引进消化吸收再创新的体制机制，健全技术创新市场导向机制，发挥市场对技术研发方向、路线选择、要素价格、各类创新要素配置的导向作用。建立产学研协同创新机制，强化企业在技术创新中的主体地位，推进应用型技术研发机构市场化、企业化改革，建设国家创新体系。加强知识产权运用和保护，健全技术创新激励机制，探索建立知识产权法院。发展技术市场，健全技术转移机制。	有利于促进服务创新，提升服务业生产率；推动服务业结构调整升级，加快生产性服务业发展。
放松金融管制，改善融资环境	扩大金融业对内对外开放，在加强监管前提下，允许具备条件的民间资本依法发起设立中小型银行等金融机构。推进政策性金融机构改革。健全多层次资本市场体系，推进股票发行注册制改革，多渠道推动股权融资，发展并规范债券市场，提高直接融资比重。发展普惠金融。鼓励金融创新，丰富金融市场层次和产品。	能够为服务业创新提供更丰富的融资渠道，加快创新成果产业化；为服务消费提供更多样的金融创新产品。
优化治理模式，增强社会组织和中介组织功能	完善发展成果考核评价体系，纠正单纯以经济增长速度评定政绩的偏向。政府要加强发展战略、规划、政策、标准等的制定和实施。加快事业单位分类改革，加大政府购买公共服务力度，推动公办事业单位与主管部门理顺关系和去行政化。建立事业单位法人治理结构，推进有条件的事业单位转为企业或社会组织。激发社会组织活力。适合由社会组织提供的公共服务和解决的事项，交由社会组织承担。重点培育和优先发展行业协会商会类、科技类、公益慈善类、城乡社区服务类社会组织。	有利于加快转变政府职能，提高地方政府对发展服务业重要性的认识，强化服务行业技术规范、行业标准的制定。同时，促进社会服务领域公共服务与市场化服务并行发展，提高公共服务效率。

续表

改革内容	具 体 论 述	对服务业发展的影响
完善税收制度	推进增值税改革,适当简化税率。调整消费税征收范围、环节、税率,把高耗能、高污染产品及部分高档消费品纳入征收范围。逐步建立综合与分类相结合的个人所得税制。加快房地产税立法并适时推进改革。按照统一税制、公平税负、促进公平竞争的原则,加强对税收优惠特别是区域税收优惠政策的规范管理。	有利于形成适应服务业发展的税收制度,增强服务业发展活力。
推进新型城镇化	推进以人为核心的城镇化,推动大中小城市和小城镇协调发展、产业和城镇融合发展。优化城市空间结构和管理格局,增强城市综合承载能力。推进农业转移人口市民化,逐步把符合条件的农业转移人口转为城镇居民。稳步推进城镇基本公共服务常住人口全覆盖。	有利于培育服务消费新增长点,增强中心城市服务业发展能级和辐射范围,促进不同层级城市的服务业分工协作。
建立全方位开放新格局	统一内外资法律法规,保持外资政策稳定、透明、可预期。推进金融、教育、文化、医疗等服务业领域有序开放,放开育幼养老、建筑设计、会计审计、商贸物流、电子商务等服务业领域外资准入限制。加快海关特殊监管区域整合优化。建设好中国上海自由贸易试验区,在此基础上,选择若干具备条件的地方发展自由贸易园(港)区。扩大企业及个人对外投资,确立企业及个人对外投资主体地位。加快环境保护、投资保护、政府采购、电子商务等新议题谈判,形成面向全球的高标准自由贸易区网络。扩大内陆沿边开放,抓住全球产业重新布局机遇,推动内陆贸易、投资、技术创新协调发展。	以开放倒逼改革,将推动国际国内要素有序自由流动、资源高效配置、市场深度融合,为促进投资和服务贸易便利化探索经验,同时,加快培育参与和引领国际经济合作竞争新优势。

续表

改革内容	具 体 论 述	对服务业发展的影响
推进社会事业改革创新	大力促进教育公平,加快现代职业教育体系建设,深化产教融合、校企合作,培养高素质劳动者和技能型人才。创新高校人才培养机制。 健全促进就业创业体制机制。完善扶持创业的优惠政策,形成政府激励创业、社会支持创业、劳动者勇于创业新机制。构建劳动者终身职业培训体系。 形成合理有序的收入分配格局。着重保护劳动所得,努力实现劳动报酬增长和劳动生产率提高同步。健全资本、知识、技术、管理等由要素市场决定的报酬机制。 加快发展企业年金、职业年金、商业保险,构建多层次社会保障体系。加快建立社会养老服务体系和发展老年服务产业。 统筹推进医疗保障、医疗服务、公共卫生、药品供应、监管体制综合改革。鼓励社会办医,优先支持举办非营利性医疗机构。	可以为服务业发展提供高层次、多样化的人力资源,加快新兴服务行业和业态创新发展,并促进社会服务业稳步发展。

资料来源:根据党的十八届三中全会《关于全面深化改革若干重大问题的决定》整理而成。

(二) 服务业面临较强的税收制度性瓶颈,营业税制的制约尤为突出

税收是政府筹集财政收入的主要方式,同时也是政府进行宏观调控的重要政策工具,税收制度对社会生产生活具有不可忽视的导向和激励作用。从实践来看,近年来各级政府出台了诸多税收优惠政策,为服务业快速发展注入了动力。不过,包括计算机和信息服务、物流、研发设计、专业服务等在内的很多服务行业仍面

临较严重的税收制度障碍。① 特别是形成于20世纪90年代中期的增值税与营业税"双轨并存"的格局②，越来越成为当前推动产业分工细化、服务业发展乃至整个经济转型升级的桎梏。改革现行营业税制度，已成为促进服务业扩量增质的当务之急。

　　始于2012年的营业税改征增值税（以下简称"营改增"）试点，旨在解决我国货物和劳务税制不统一以及营业税重复征收问题，是近年来实施结构性减税的重要内容，也是深化财税体制改革的重头戏。自试点启动以来，"营改增"大体经历了部分行业部分地区试点以及部分行业全国范围试点两个大的阶段。截至2015年上半年，全国纳入试点的纳税人有509万户，约95%的试点纳税人税负下降或持平，三年多来累计减税额达4848.3亿元。随着"营改增"试点范围的扩大，服务业的投资吸引力明显增强，更重要的是，增值税抵扣链条逐步弥合，促进了上下游行业的税负公平。尽管试点取得了好于预期的成效，但也要清醒地看到，"营改增"并不是简单地对现行税制的"边际式"修补，而是在更大范围、更深层次上实现税收体系整体布局的优化以及对政府与企业关系的重构。为此，应兼顾现实和长远发展要求，不仅要重视解决技术层面的难题，适时推进涉及面广、利益调整复杂的行业试点，更要树立法治思维，着力从体制上加快改革步伐。

---

　　① 根据国务院发展研究中心市场经济研究所2010年开展的"不同服务行业发展面临的主要制度障碍"调查，虽然与服务业发展相关的税收制度涉及营业税、增值税、企业所得税、个人所得税等多个税种，但营业税制与服务业发展的关系最为直接和紧密，影响也最大。

　　② 现行税制的整体框架是1994年税制改革时建立的，营业税是当时改革留下的"尾巴"，形成了货物的生产销售征收增值税，而服务的生产销售征收营业税的并存格局。

第二章 典型工业化国家服务业发展的阶段特征和结构演变

回顾发达工业化国家走过的服务业发展道路,对于理解和把握包括中国在内的发展中国家服务业的发展趋势,是非常重要的。熊彼特曾讲过,"如果一个人不掌握历史事实,不具备适当的历史感或所谓历史经验,他就不可能指望理解任何时代(包括当前)的经济现象。"① 由于服务业涵盖的范围非常宽泛,其中许多行业在性质、功能及与经济发展关系方面差别很大,具有很强的"异质性"(heterogeneity),笼而统之地研究服务业,很难有效把握其发展规律。这首先就要从结构化视角出发,基于一定的标准对服务业内部行业做必要分类。当然,分类方法是为研究特定问题服务的,不同方法都有其内在合理性。辛格曼(Singelmann,1978)从服务的性质和功能出发,将服务业划分为流通性服务业(distributive services)、生产性服务业(producer services)、个人服务业(personal services)、社会服务业(social services)四类。这一方法不仅与国际上通行的产业分类相兼容,易于数据采集,更重要的是,可以更细致地反映不同类型服务业变动趋势的差异。为此,本章以辛格曼

---

① 〔美〕约瑟夫·熊彼特:《经济分析史》(第一卷),朱泱、孙鸿敞、李宏、陈锡龄译,商务印书馆1991年版,第31页。

的"四分法"为基础(见表2-1),重点研究美国、法国、德国、日本、韩国五个典型工业化国家服务业发展的阶段特征及结构演变规律。

表2-1 以辛格曼"四分法"为基础对服务业的分类

分类	内涵	主要行业
流通性服务业	使商品、信息流动的部门,是连接生产与消费的中介	交通运输和仓储业、通信业、批发业、零售业
生产性服务业	为商品生产提供中间投入的部门	金融业、保险业、房地产业、工程和建筑服务业、会计服务业、商务服务业、法律服务业
个人服务业	为居民最终消费提供服务的部门,依赖于消费者与生产者的直接接触	家庭服务业、住宿业、餐饮业、修理业、洗衣业、娱乐与休闲业
社会服务业	为社会公共需要提供服务的部门	医疗卫生服务业、教育、社会福利和宗教、非营利组织、邮政业、政府

资料来源:Singelmann, Joachim, 1978, *From Agriculture to Services: The Transformation of Industrial Employment*, Sage Publications, Beverly Hills.

一、服务业发展水平与人均GDP的阶段性特征

从全球范围看,处于不同发展阶段的各国之间,服务业发展水平差别很大。以人均GDP、服务业增加值占GDP比重作为衡量经济发展阶段和服务业发展水平的指标,选取20世纪60年代以来不同收入水平国家的人均GDP和服务业增加值比重,并将人均GDP

第二章 典型工业化国家服务业发展的阶段特征和结构演变

现价美元调整为麦迪森1990年国际元①(以下简称国际元)。总体上看,人均GDP与服务业增加值比重之间具有正相关关系,即随着人均GDP的提高,服务业增加值比重逐步上升;但两者并不是简单的线性关系,而是呈阶段性变化的特征(见图2-1)。

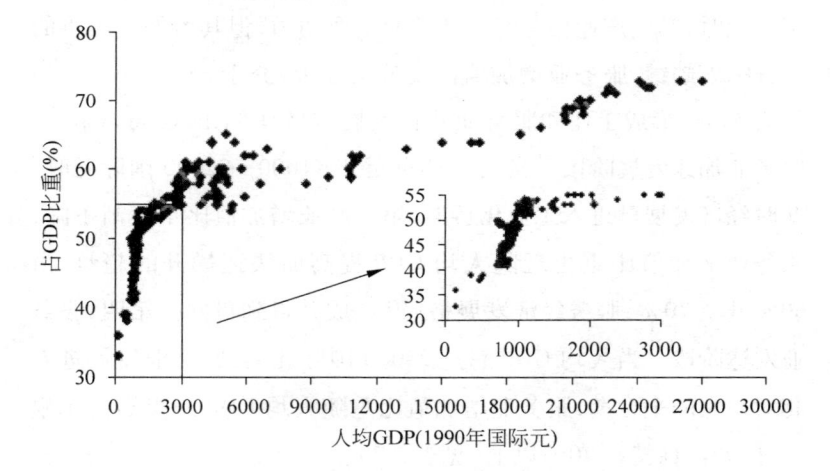

图2-1 人均GDP与服务业增加值比重的关系

资料来源:世界银行、国务院发展研究中心经济增长数据库。

据此,可将服务业发展大致划分为四个阶段。第一,服务业低

---

① 目前来看,可用于国别间长期经济增长比较的数据来源较多。例如,麦迪森(Angus Maddison)的世界经济史数据、帕尔格雷夫世界历史统计、世界银行的 World Development Indicators 数据库、国际货币基金组织的 World Economic Outlook 数据库、经济合作与发展组织的 National Accounts Statistics 数据库等。若从不同国家、不同发展阶段比较的需要来看,数据至少应满足:连续且时间跨度足够长,不同国家、时期之间具有可比性。而同时满足这两个条件的只有麦迪森的世界经济史数据。麦迪森通过将按购买力平价测算的1990年各国GDP和人均GDP的基准水平与各国不变价的GDP时间序列相衔接,并对某些国家不变价的GDP时间序列进行修正和推算,最终得到以1990年国际元计价的世界大多数国家1820年以来的GDP和人均GDP。

水平发展阶段。当人均GDP在3000国际元以下时,工业化正处于快速发展的中期,第二产业是经济增长和结构调整的强劲引擎,服务业增加值比重不高,但上升较快,由不足40%提高到55%左右。第二,服务业与工业并行发展阶段。当人均GDP在3000—11000国际元时,第二产业仍是经济增长的主要动力,但其增加值比重的上升幅度趋缓,服务业增加值比重波动较大,介于55%—65%,均值为59%,形成工业和服务业并行发展、双轮驱动的格局。第三,服务业加速发展阶段。当人均GDP处于11000—22000国际元时,此时经济发展已进入工业化后期,第二产业增加值比重逐渐下降,服务业增加值比重出现随人均GDP提高而快速攀升的趋势,由60%升至70%,服务经济发展格局[1]形成并得到巩固。第四,服务业发达阶段。当人均GDP超过22000国际元后,服务业发展进入相对稳定的平台期,服务业增加值比重随人均GDP的提高而小幅上升,始终保持在70%以上(见表2-2)。

表2-2 服务业发展阶段的划分及主要特征

人均GDP (1990年国际元)	发 展 阶 段	服务业增加值比重
3000以下	低水平发展阶段	由不足40%提高到55%左右
3000—11000	与工业并行发展阶段	55%—65%波动
11000—22000	加速发展阶段	由60%快速上升到70%
22000以上	发达阶段	始终在70%以上

资料来源:作者整理。

---

[1] 美国经济学家富克斯(Victor Fuchs)将20世纪50年代之后世界经济经历的一场结构性变革,称之为"服务经济"。通常来讲,服务经济是指服务业增加值在GDP中的比重超过60%或者就业人数在整个国民经济就业人数中的比重超过60%的经济形态。

二、典型工业化国家服务业结构演变的经验事实

选取美国、法国、德国、日本、韩国五个典型工业化国家,按照辛格曼的"四分法"对各国服务业分行业数据进行归类整理后,可以得到这些国家在相同发展阶段的服务业共性特征。

(一) 作为服务业内部第一大行业,流通性服务业增加值比重先升后降、降幅趋缓

从这些国家服务业的发展历程来看,流通性服务业很长时间一直是服务业内部第一大行业。第二次世界大战后到20世纪70年代,美国、法国的流通性服务业增加值占GDP比重一直保持在20%以上;德国在1980年以前流通性服务业增加值比重也始终高于17%;日本、韩国的流通性服务业增加值比重都经历了峰值后的逐步回落,但在1985年以前和1993年以前长期分别处于20%以上和17%以上(见图2-2)。

比较不同国家处于相同发展阶段时的流通性服务业发展水平可以发现,流通性服务业增加值比重随人均GDP提高呈先升后降的态势,降幅逐渐趋于平缓。当人均GDP在3000国际元以下时,流通性服务业增加值比重的上升趋势较为明显。其中,日本由

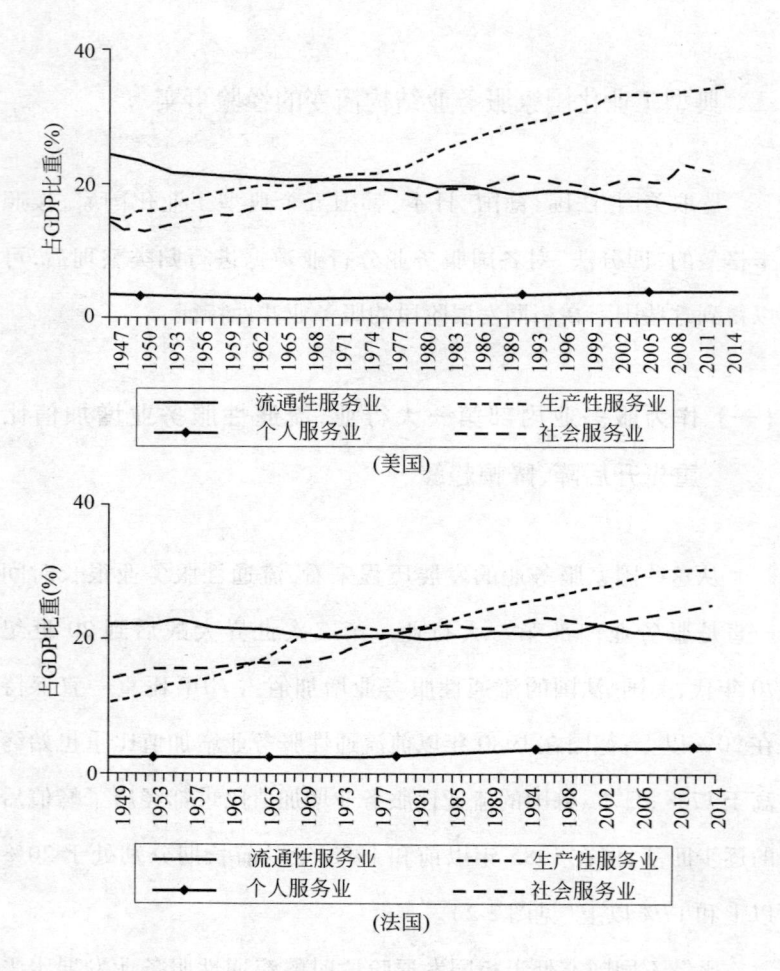

图 2-2 美国、法国、德国、日本、韩国服务业内部结构

资料来源：美国经济分析局、法国统计局、日本总务省统计局、荷兰格罗宁根增长与发展中心数据库、CEIC 数据库。

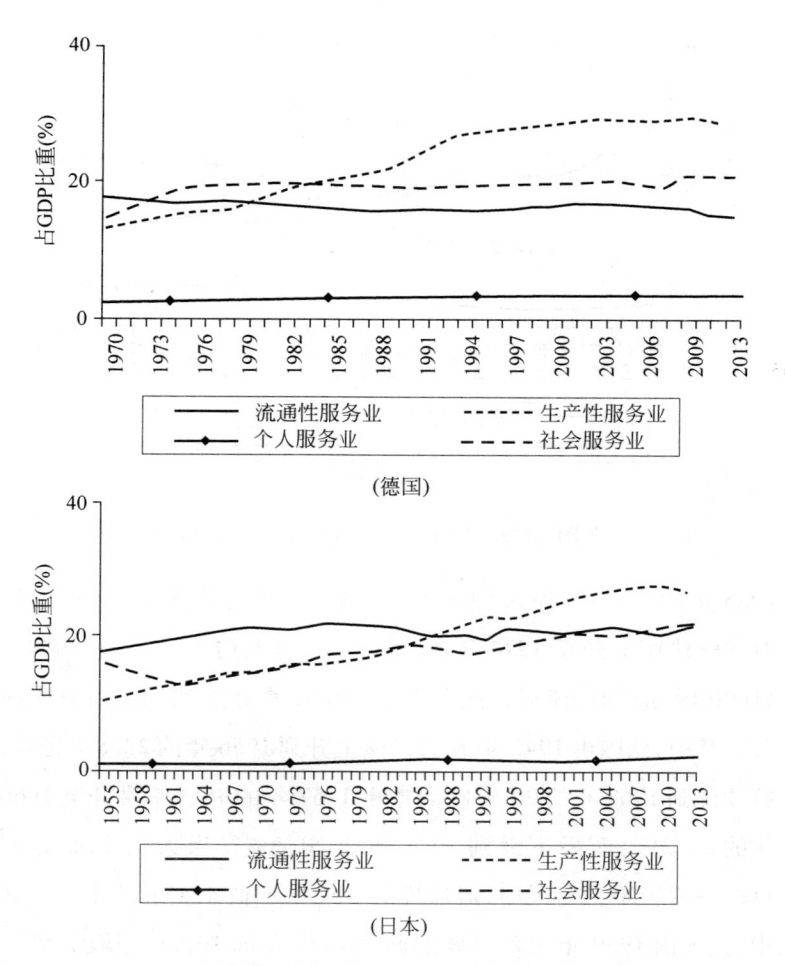

图 2-2 美国、法国、德国、日本、韩国服务业内部结构（续）

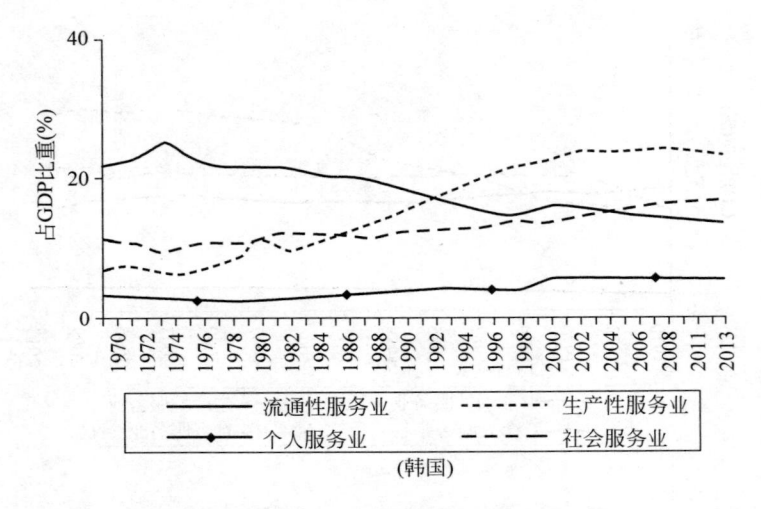

图 2-2　美国、法国、德国、日本、韩国服务业内部结构(续)

1955年的17.9%提高到1957年的18.9%;韩国由1970年的21.9%快速上升至1974年的25.3%。当人均GDP处于3000—11000国际元时,流通性服务业增加值比重在达到峰值后有所回落。其中,法国由1949年的21.7%上升到1956年的22.8%之后,持续降到1968年的20.4%;日本由1957年的18.9%攀升至1966年的21.3%,而后下滑到1972年的20.5%。当人均GDP处在11000—22000国际元时,流通性服务业增加值比重继续下降。其中,美国由1959年的21.6%递减至1987年的19.2%;德国、韩国分别由1971年的17.5%和1994年的16.5%下降至2010年的15.2%、14.1%;法国、日本在此期间也略有降低。当人均GDP超过22000国际元时,流通性服务业增加值比重基本处于稳定状态。

其中,美国到 2014 年之前连续多年在 17% 左右;日本则保持在 20% 左右(见图 2-3)。

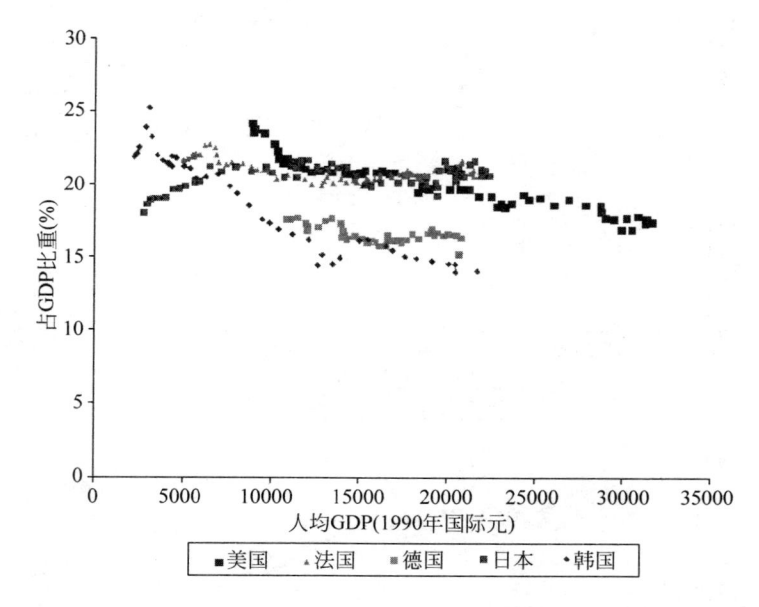

图 2-3　人均 GDP 与流通性服务业增加值比重的关系

资料来源:国务院发展研究中心经济增长数据库、CEIC 数据库、美国经济分析局、法国统计局、日本总务省统计局、荷兰格罗宁根增长与发展中心数据库。

另外,比较流通性服务业增加值占 GDP 比重与第二产业增加值占 GDP 比重之间的关系还可发现,这些国家的流通性服务业增加值比重在第二产业增加值比重达到峰值之前,就已出现不同幅度的下降;此后,随着第二产业增加值比重的逐步回落,流通性服务业增加值比重的降幅有所收窄(见图 2-4)。

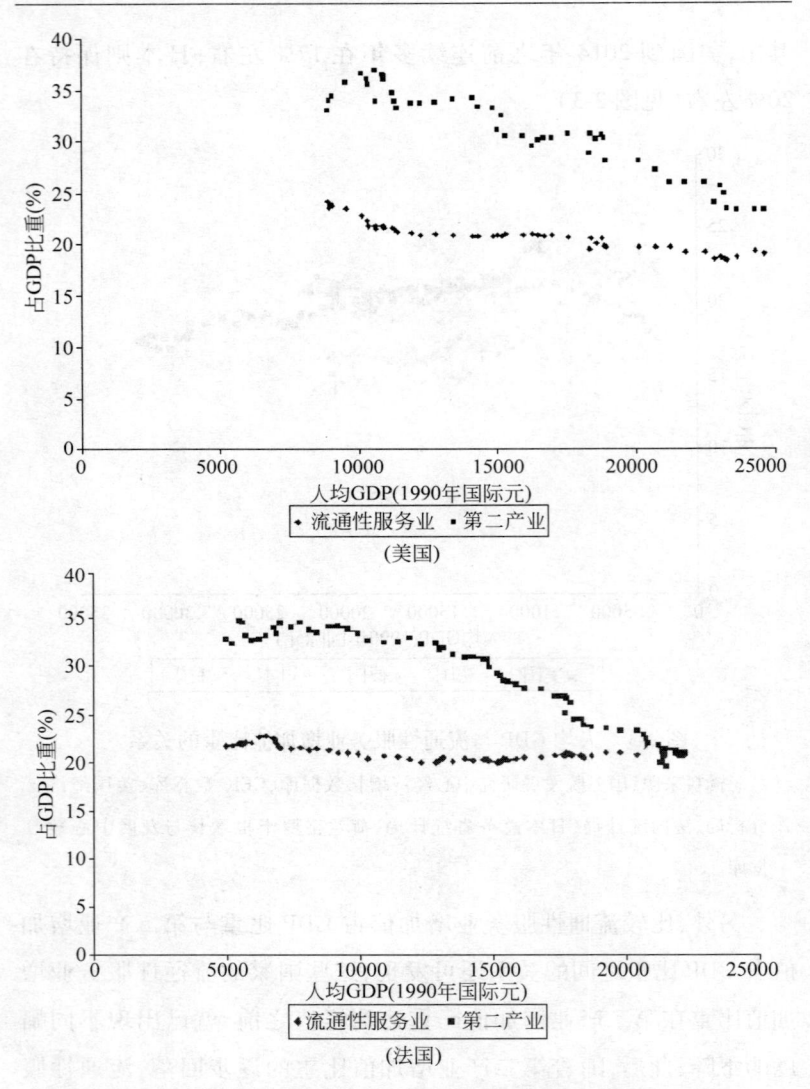

图 2-4 流通性服务业增加值比重与第二产业增加值比重的关系

资料来源:国务院发展研究中心经济增长数据库、CEIC 数据库、美国经济分析局、法国统计局、日本总务省统计局、荷兰格罗宁根增长与发展中心数据库。

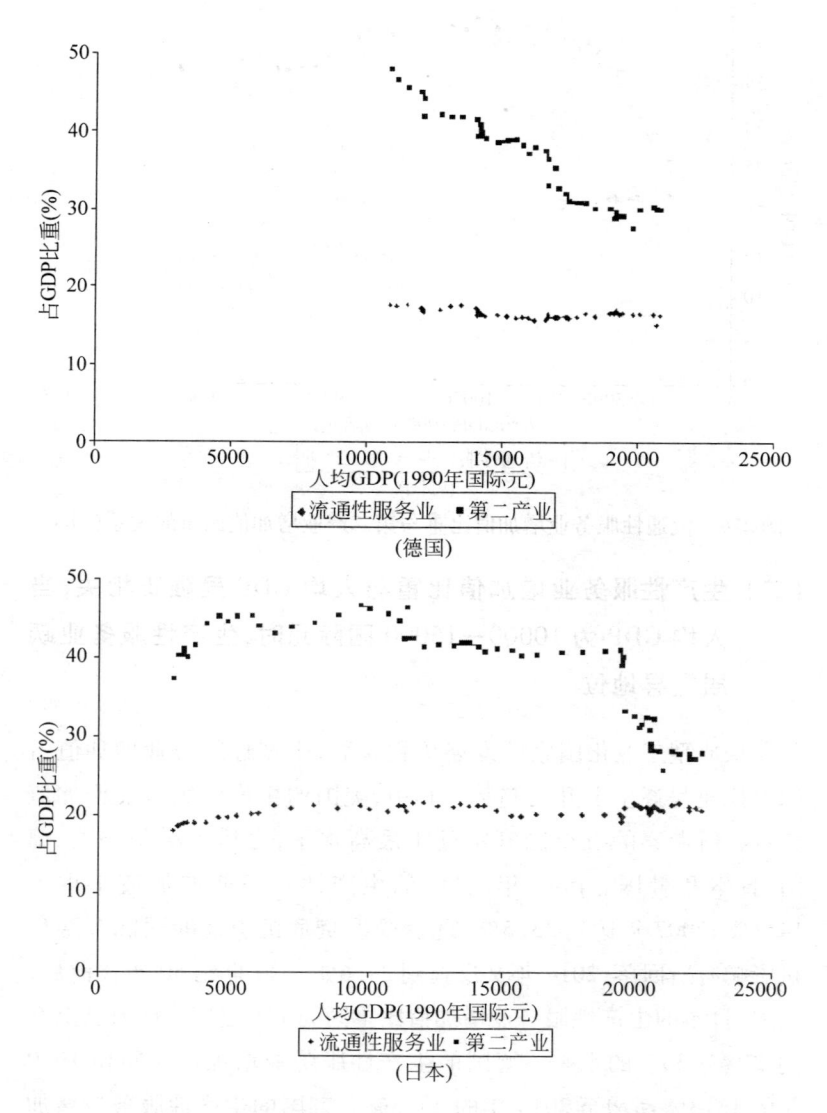

图 2-4 流通性服务业增加值比重与第二产业增加值比重的关系（续）

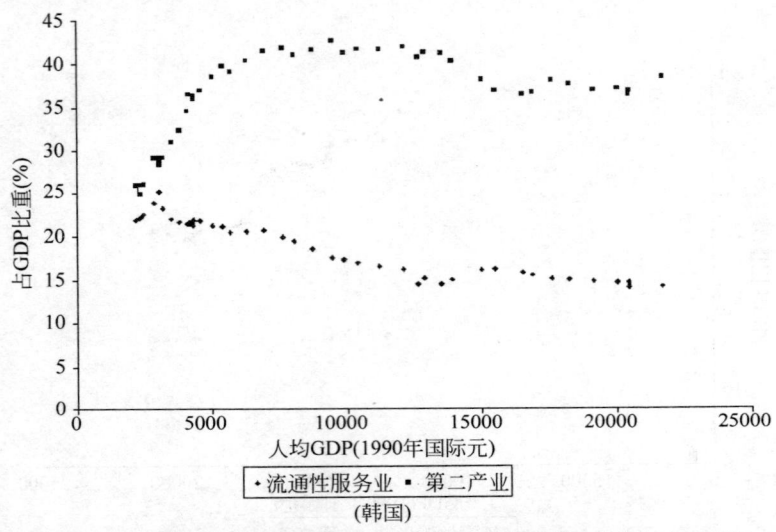

图 2-4　流通性服务业增加值比重与第二产业增加值比重的关系（续）

（二）生产性服务业增加值比重与人均 GDP 呈强正相关，当人均 GDP 为 10000—15000 国际元时，生产性服务业跃居主导地位

从典型工业化国家的发展历程来看，生产性服务业增加值占 GDP 比重呈逐步上升的趋势。其中，美国的生产性服务业增加值比重在所考察的五个国家中处于最高水平，之后依次是法国、德国、日本和韩国。1947 年，美国的生产性服务业增加值比重为 14.1%，2007 年达到 33.5%，此后受次贷危机引发的国际金融危机影响有所回落，2014 年又反弹到 34.6%。20 世纪 50 年代前后，法国、日本的生产性服务业增加值比重同为 11% 左右，目前已上升到 27%—30% 的水平。德国的生产性服务业增加值比重由 1970 年的 13.3% 递增至 2013 年的 29.6%。韩国的生产性服务业增加值比重在 1970 年仅为 7.4%，此后呈快速上升势头，2013 年已达

23.3%（见图2-5）。

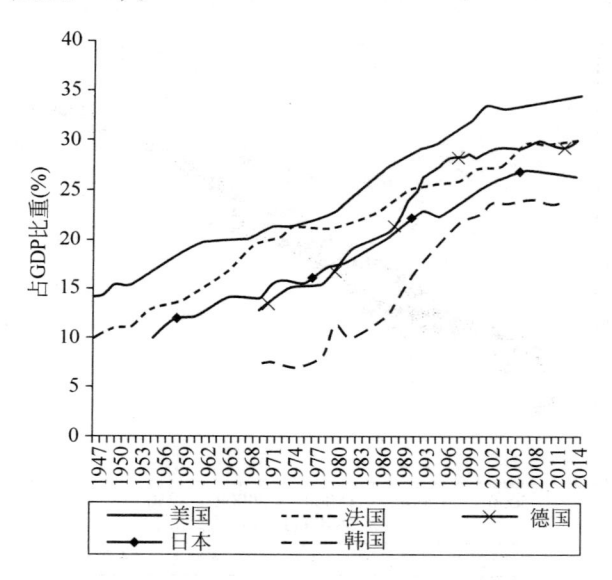

图2-5 美国、法国、德国、日本、韩国生产性服务业增加值比重

资料来源：美国经济分析局、法国统计局、日本总务省统计局、荷兰格罗宁根增长与发展中心数据库、CEIC数据库。

比较不同国家处于相同发展阶段时的生产性服务业发展水平可以发现，这些国家生产性服务业增加值比重与人均GDP呈高度正相关，生产性服务业增加值比重的上升轨迹具有明显的趋同性（见图2-6）。当人均GDP在5000国际元左右时，法国、日本、韩国的生产性服务业增加值比重分别为10.7%、13.1%、10.1%，相差不大；当人均GDP为10000国际元时，五个国家的生产性服务业增加值比重大体处在13.3%—17.8%；当人均GDP达到15000国际元时，五国的生产性服务业增加值比重在18.9%—22.5%；当人均GDP突破20000国际元时，五国的生产性服务业增加值比重进一

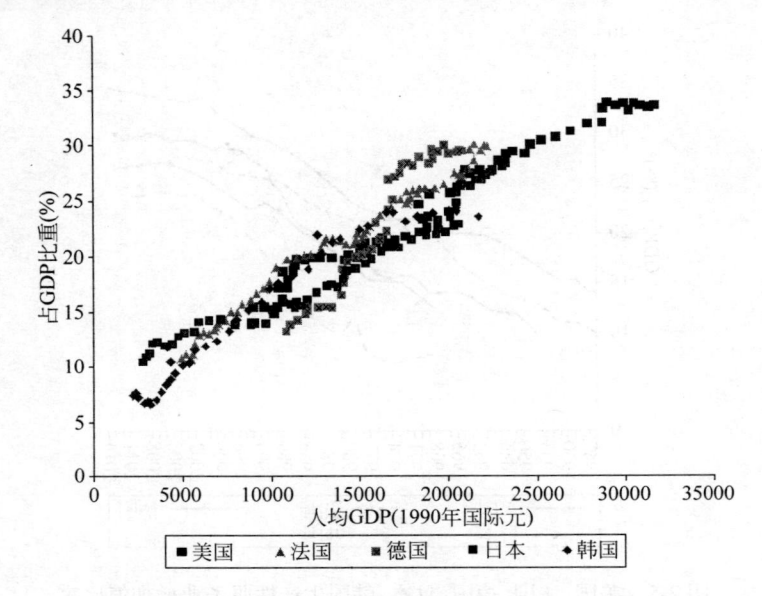

步上升到 22.7%—29.1%的水平(见表 2-3)。

图 2-6 人均 GDP 与生产性服务业增加值比重的关系

资料来源:国务院发展研究中心经济增长数据库、CEIC 数据库、美国经济分析局、法国统计局、日本总务省统计局、荷兰格罗宁根增长与发展中心数据库。

表 2-3 美国、法国、德国、日本、韩国人均 GDP 与生产性服务业增加值比重

国家	时间	人均 GDP（1990 年国际元）	生产性服务业增加值比重（%）
美国	1951	10116	14.9
	1968	14863	19.9
	1984	20123	25.7
	1996	25263	30.4
	2010	30491	33.7

续表

国家	时间	人均 GDP （1990 年国际元）	生产性服务业增加值比重 （%）
法国	1949	4946	10.7
	1967	9907	17.8
	1982	15132	21.6
	2000	20392	27.4
德国	1970	10839	13.3
	1985	15140	20.1
	2006	20041	29.1
日本	1963	5129	13.1
	1971	10040	15.2
	1984	14773	18.9
	1996	20343	22.7
韩国	1983	5007	10.1
	1992	9877	17.1
	2000	14998	22.5
	2007	20048	24.1

资料来源：国务院发展研究中心经济增长数据库、CEIC 数据库、美国经济分析局、法国统计局、日本总务省统计局、荷兰格罗宁根增长与发展中心数据库。

值得注意的是，随着生产性服务业发展水平不断提高，其增加值比重逐渐超过了流通性服务业增加值比重，跃升为服务业内部第一大行业。通过比较典型工业化国家实现这一转变的时间点可以得知，美国在 1971 年生产性服务业增加值比重开始超过流通性服务业增加值比重，当年的人均 GDP 为 15304 国际元；法国于 1972 年实现了这一转变，当时的人均 GDP 为 12264 国际元；德国的生产性服务业增加值比重超过流通性服务业增加值比重是在 1980 年，人均 GDP 为 14114 国际元；日本于 1986 年发生了这一转变，人均 GDP 为 15679 国际元；韩国经历这一转变是在 1993 年，人均 GDP

为 10391 国际元(见表 2-4)。可见,当人均 GDP 处于服务业发展第二、三阶段的转换期(10000—15000 国际元)时,生产性服务业增加值比重会超过流通性服务业增加值比重,成为服务业内部最主要的行业。

表 2-4 生产性服务业增加值比重超过流通性服务业增加值比重的时间点及对应的人均 GDP

国家	时间	生产性服务业增加值比重(%)	流通性服务业增加值比重(%)	人均 GDP（1990 年国际元）
美国	1971	21.2	21.0	15304
法国	1972	20.1	20.0	12264
德国	1980	17.6	16.8	14114
日本	1986	19.8	19.7	15679
韩国	1993	17.7	16.9	10391

资料来源:国务院发展研究中心经济增长数据库、CEIC 数据库、美国经济分析局、法国统计局、日本总务省统计局、荷兰格罗宁根增长与发展中心数据库。

(三) 生产性服务业增加值比重随第二产业增加值比重回落而快速上升,且与城市化水平显著正相关

作为从第二产业内部生产服务部门分离出来的行业,生产性服务业的发展直接推动了第二产业的规模扩张和结构升级;而第二产业发展又会对专业化的生产性服务产生更大的市场需求,进一步促进了生产性服务业发展。

从典型国家的发展历程来看,生产性服务业增加值比重在第二产业增加值比重达到峰值前平稳上升,虽然各国第二产业增加值比重的峰值高低有所差异,但生产性服务业增加值比重大体都处在 15% 上下的水平,对应的人均 GDP 约为 10000 国际元。具体来看,美国在 1953 年第二产业增加值比重达到 36.9% 的峰值时,

人均GDP是10613国际元,生产性服务业增加值比重由1947年的14.1%上升到16.2%;法国于1965年实现第二产业增加值比重34.8%的峰值时,人均GDP为9165国际元,生产性服务业增加值比重由1949年的10.7%稳步升至16.7%;日本的第二产业增加值比重在1970年达到峰值46.0%时,人均GDP是9714国际元,生产性服务业增加值比重由1955年的10.4%逐渐增加到14.0%;韩国的第二产业增加值比重于1991年达到峰值42.6%时,人均GDP为9446国际元,生产性服务业增加值比重由1970年的7.4%递增至15.9%(见表2-5)。

表2-5 第二产业增加值比重达到峰值的时间点及对应的人均GDP、生产性服务业增加值比重

国家	时间	第二产业增加值比重(%)	生产性服务业增加值比重(%)	人均GDP（1990年国际元）
美国	1953	36.9	16.2	10613
法国	1965	34.8	16.7	9165
日本	1970	46.0	14.0	9714
韩国	1991	42.6	15.9	9446

资料来源:国务院发展研究中心经济增长数据库、CEIC数据库、美国经济分析局、法国统计局、日本总务省统计局、荷兰格罗宁根增长与发展中心数据库。

随着工业化进程的完成,生产性服务业增加值比重呈加快上升的趋势(见图2-7)。与此同时,生产性服务业投入到第二产业部门的比重显著降低,而投入到服务业部门的比重则大幅提高,表明生产性服务业更多地依赖服务业自身获得发展动力(见表2-6)。需要提及的是,美国凭借富集的人力资本以及强大的金融、科技创新实力,为发展中国家甚至一些发达国家提供高附加值的服务,这就使得其生产性服务业投入到服务业的比重以及整个服务业增加值占GDP比重明显高于其他国家。

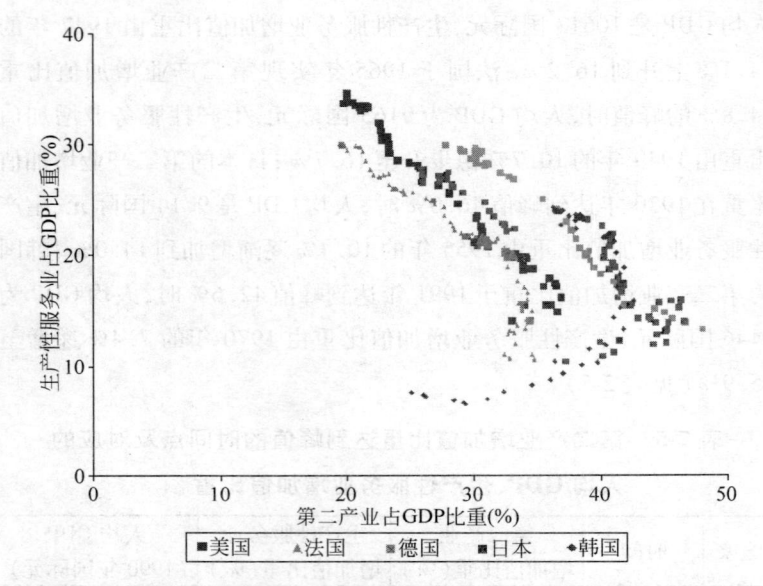

图 2-7　生产性服务业增加值比重与第二产业增加值比重的关系

资料来源：国务院发展研究中心经济增长数据库、CEIC 数据库、美国经济分析局、法国统计局、日本总务省统计局、荷兰格罗宁根增长与发展中心数据库。

表 2-6　美国、日本、韩国生产性服务业投入结构（%）

国家	时间	第一产业	第二产业	服务业
美国	1972	4.2	31.6	64.2
	1982	2.7	31.3	66.0
	1985	2.7	27.4	69.9
	1990	1.6	25.1	73.3
	2000	0.9	20.6	78.5
	2005	0.6	16.5	82.9
	2010	0.7	13.8	85.5
	2013	0.5	12.7	86.8

续表

国家	时间	第一产业	第二产业	服务业
日本	1970	1.8	44.7	53.5
	1975	1.9	41.3	56.8
	1980	1.0	39.8	59.2
	1985	1.3	37.6	61.1
	1990	1.0	35.0	64.0
	1995	0.8	30.8	68.4
	2005	0.6	26.5	72.9
	2011	0.3	18.9	80.8
韩国	1970	11.0	59.3	29.7
	1980	4.0	49.5	46.5
	1985	2.4	49.7	47.9
	1990	1.6	53.1	45.3
	1995	2.6	45.0	52.4
	2000	2.1	39.9	58.0
	2005	0.7	37.5	61.8

资料来源：美国经济分析局、日本总务省统计局、世界投入产出数据库。

此外，从世界范围来看，生产性服务业发展水平与城市化水平两者之间密切相关，生产性服务业存在着向城市集聚发展的特征。随着城市化进程的加快以及城市化率的提高，高度集聚的人口及其相互间结成的紧密联系[1]，为生产性服务业提供了市场基础和发展空间，生产性服务业增加值比重呈稳步上升的态势（见图2-8）。

---

[1] 根据美国哈佛大学教授爱德华·格莱泽（Edward Glaeser）的研究，城市是人的聚集而非建筑物或设施的聚集，城市的发展极大地促进了思想撞击、文化交流与科技创新；高度紧密的人际互动需要高度关联的城市作为物质意义上的载体。

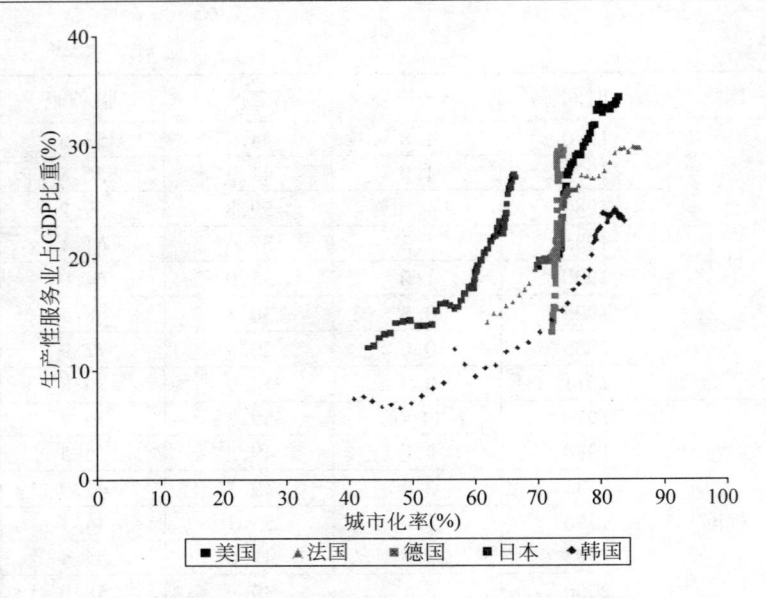

图 2-8　生产性服务业增加值比重与城市化率的关系

资料来源：国务院发展研究中心经济增长数据库、CEIC 数据库、美国经济分析局、法国统计局、日本总务省统计局、荷兰格罗宁根增长与发展中心数据库。

（四）个人服务业增加值比重先平稳后小幅提高，且与居民消费率同方向变化

第二次世界大战结束到 20 世纪 70 年代中期，美国、法国的个人服务业增加值占 GDP 比重基本平稳。此后，包括德国、韩国在内，各国的个人服务业增加值比重均有较为明显的上升，到 21 世纪初大体稳定下来。日本个人服务业增加值比重的走势虽然与前几个国家相似，但明显偏低 2 个百分点左右（见图 2-9）。

比较不同国家处于相同发展阶段时的个人服务业发展水平可

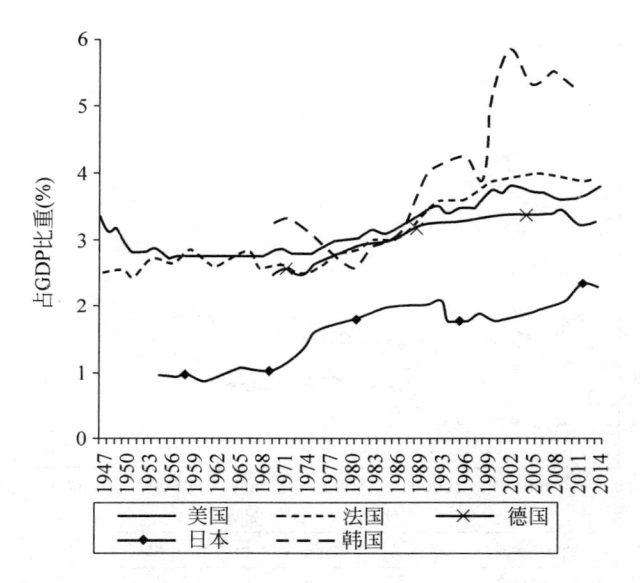

图2-9 美国、法国、德国、日本、韩国个人服务业增加值比重

资料来源：美国经济分析局、法国统计局、日本总务省统计局、荷兰格罗宁根增长与发展中心数据库、CEIC数据库。

以发现，当人均GDP在3000国际元以下时，个人服务业增加值比重基本稳定。其中，日本是1%左右；德国、韩国为3%上下。当人均GDP达到3000国际元以上时，个人服务业增加值比重在波动中小幅上升。其中，韩国由3%递增到5%左右；美国、法国、德国从3%提高到接近4%；日本则由1%升至2%左右（见图2-10）。

考察这些国家个人服务业增加值比重与居民消费率的变动趋势，可以作为解释日本个人服务业增加值比重偏低的重要原因。具体来看，当居民消费率下降时，个人服务业增加值比重也小幅降低；当居民消费率反弹回升时，个人服务业增加值比重则呈上升趋势。由于日本的居民消费率比美国低10个百分点左右，比法国、

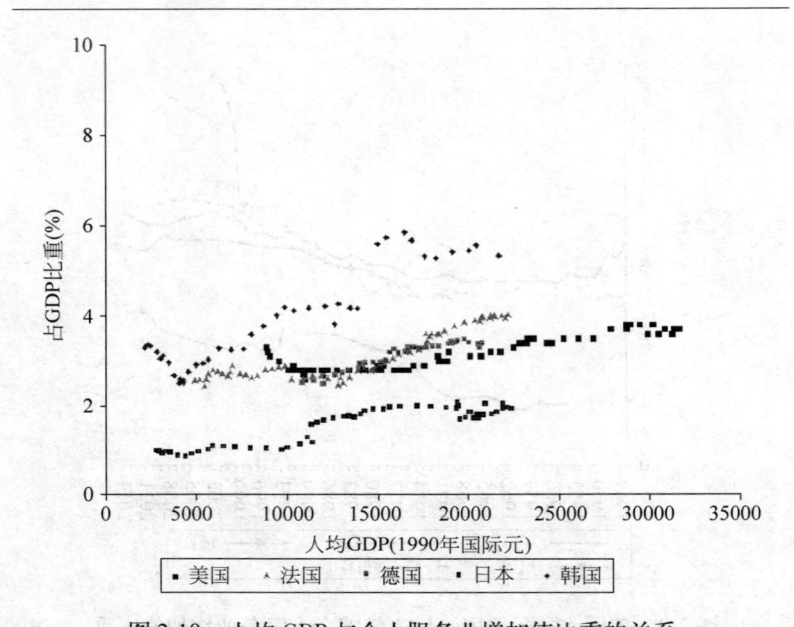

图 2-10 人均 GDP 与个人服务业增加值比重的关系

资料来源：国务院发展研究中心经济增长数据库、CEIC 数据库、美国经济分析局、法国统计局、日本总务省统计局、荷兰格罗宁根增长与发展中心数据库。

德国也低近 5 个百分点，从而一定程度上导致日本个人服务业增加值比重偏低（见图 2-11）。

（五）社会服务业增加值比重在人均 GDP 超过 3000 国际元时开始逐渐上升，达到 22000 国际元后进入稳定期

从典型工业化国家的发展历程来看，各国社会服务业增加值占 GDP 比重的变动轨迹基本一致，波动中不断升高，但上升幅度有所差别（见图 2-12）。比较不同国家在相同发展阶段时的社会服务业发展水平可以知道，当人均 GDP 在 3000 国际元以下时，社会服

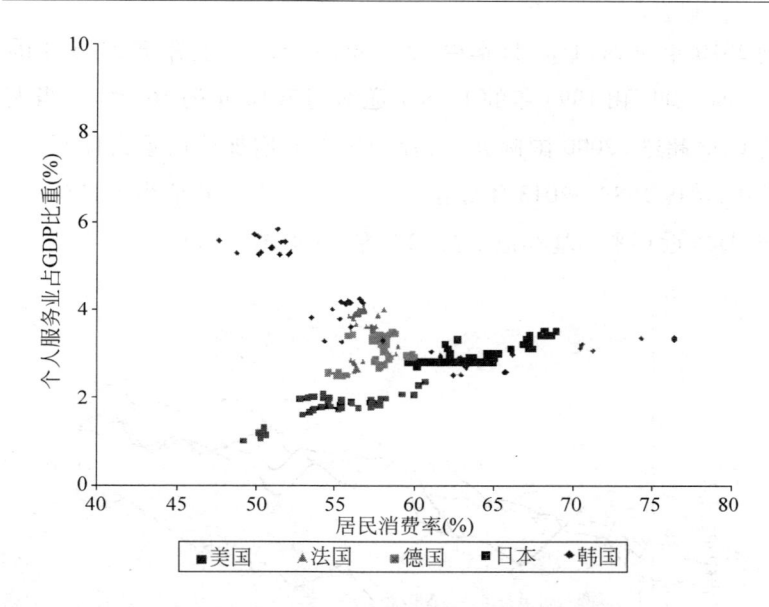

图 2-11　个人服务业增加值比重与居民消费率的关系

资料来源：国务院发展研究中心经济增长数据库、CEIC 数据库、美国经济分析局、法国统计局、日本总务省统计局、荷兰格罗宁根增长与发展中心数据库。

务业增加值比重稳中略有回落。其中，日本由 1955 年的 16.0% 下降至 1957 年的 14.4%；韩国由 1970 年的 11.1% 降低到 1974 年的 9.1%。当人均 GDP 处于 3000—11000 国际元时，社会服务业增加值比重逐步上升。其中，美国由 1947 年的 14.4% 小幅提高到 1958 年的 15.8%；法国由 1949 年的 14.0% 波动升高至 1969 年的 16.9%；日本 1957—1972 年大体处于 12.6%—15.5%；韩国则由 1974 年的 9.1% 递增到 1993 年的 12.9%。当人均 GDP 处在 11000—22000 国际元时，社会服务业增加值比重快速上升。其中，美国由 1958 年的 15.8% 提高到 1987 年的 19.8%；法国由 1969 年的 16.9% 攀升至 2006 年的 22.9%；德国由 1971 年的 15.9% 升高到 2010 年的 21.1%；日本由 1972 年的 15.5% 上升至 2006 年的 20.0%；韩国由 1993 年的 12.9% 递增到 2010 年的 16.3%。当人均 GDP 超过 22000 国际元时，社会服务业增加值比重大体平稳。其中，美国 1987—2013 年处在 19.5%—22.7%，均值为 20.7%；法国、日本近年来则基本稳定在 22% 左右（见图 2-13）。

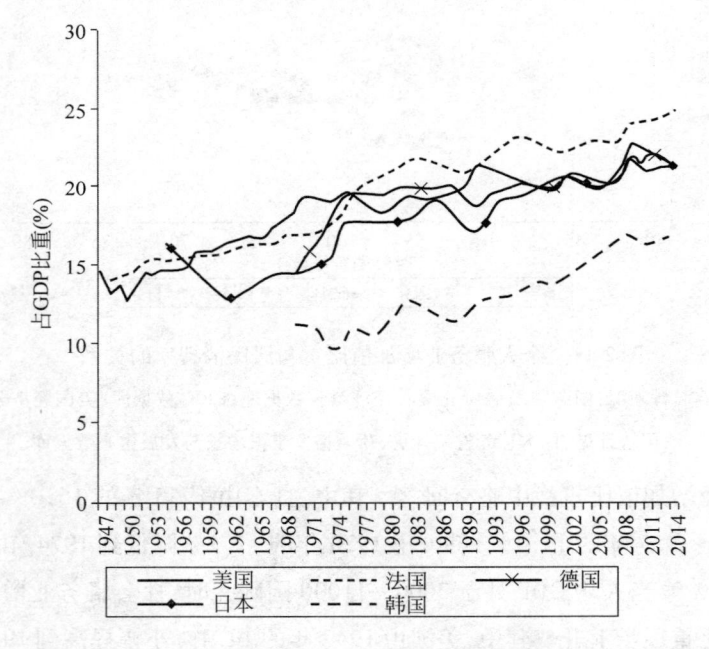

图 2-12　美国、法国、德国、日本、韩国社会服务业增加值比重

资料来源：美国经济分析局、法国统计局、日本总务省统计局、荷兰格罗宁根增长与发展中心数据库、CEIC 数据库。

总结来说，服务业的持续快速发展及其在经济结构中占据越来越重要的地位，是建立在工业化高度发达和较高经济发展水平基础之上的。服务业增加值占 GDP 比重与人均收入水平之间呈显

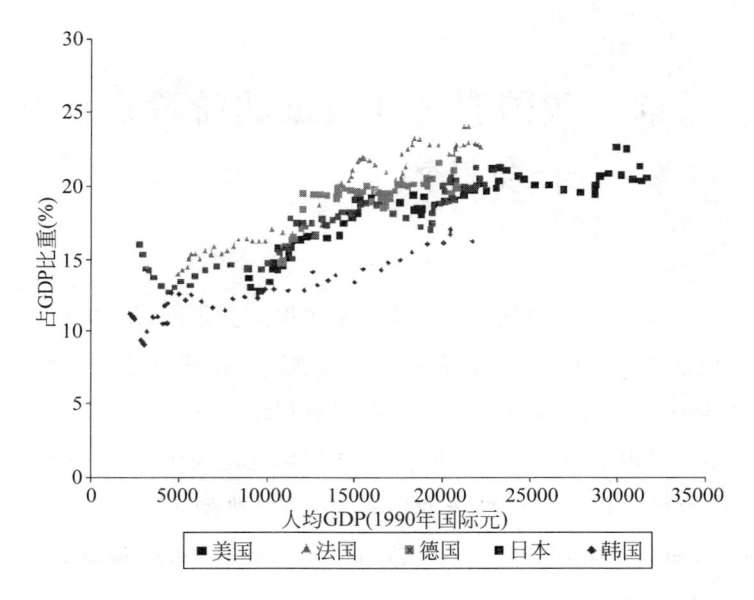

图 2-13 人均 GDP 与社会服务业增加值比重的关系

资料来源:国务院发展研究中心经济增长数据库、CEIC 数据库、美国经济分析局、法国统计局、日本总务省统计局、荷兰格罗宁根增长与发展中心数据库。

著的阶段性特征,每个阶段居于主导地位的服务行业有所不同,并且不同类型服务行业的发展规律和演变趋势也存在很大差别。当人均 GDP 达到 11000—22000 国际元时,服务业增加值比重快速提升,逐渐形成了以服务业为主导的经济发展格局。而从结构上看,生产性服务业的增加值比重通常会在这一时期的前半阶段超过流通性服务业,成为服务业内部第一大行业。

第三章 我国服务业发展的阶段定位及未来趋势

将中国服务业发展置于发达国家实现工业化进程的历史条件下,对照这些国家在与中国目前相同发展阶段的服务业结构特征,可以理清中国服务业发展所处的阶段并揭示未来变化的轨迹。为此,本章沿用上一章的分析框架,从结构化的视角出发,根据美国、法国、德国、日本、韩国服务业结构演变的"典型化事实"(stylized facts),研究我国服务业发展状况和特点,并对未来服务业的发展前景进行展望。

一、服务业发展状况和主要特点

当前,我国服务业正面临着发展阶段的重要转换期,开始向服务业加速发展阶段过渡。从相同发展阶段的视角上看,我国服务业内部结构的变动趋势基本符合典型工业化国家的经验事实。其中,生产性服务业发展轨迹与国际经验吻合度很高;但服务业发展整体水平还有不小差距,特别是流通性服务业增加值占 GDP 比重明显偏低。

（一）服务业临近加速发展阶段的转换期，服务业增加值比重明显偏低

改革开放之前，我国在计划经济体制下实行的是重工业优先发展战略①，同时受非物质生产部门不创造价值的观念束缚，服务业发展遇到的限制很大，服务业增加值占 GDP 比重由新中国成立初期的 28% 左右，波动降低到 1977 年的 23.6%。改革开放以来，我国服务业保持了较快的发展速度。截至 2014 年的 36 年间，服务业增加值年均实际增长 10.7%，高于同期 GDP 年均 9.7% 的增长速度，但比第二产业增加值年均实际增速低 0.4 个百分点。进入 21 世纪之后，我国服务业发展速度有所加快，最近十年（2004—2014 年）服务业增加值年均增长率达到 10.5%，比 1990—2004 年的年均增速高出 0.3 个百分点。与此同时，服务业增加值比重由 1978 年的 24.5% 逐步上升到 2014 年的 48.1%（见图 3-1）。

2014 年，我国人均 GDP 超过 7400 美元（按现价美元计算），相当于 10763 国际元。对照前一章分析的服务业发展国际经验，我国正处于服务业发展第二、三阶段的转换期，即由服务业与工业并行发展的阶段逐渐向服务业加速发展阶段过渡。

与典型工业化国家进行横向比较，我国近两年的服务业增加

---

① 第一个五年计划（1953—1957 年）开始后，我国全面接受了苏联"优先发展重工业"的工业化路线，并将其作为经济建设的指导方针。经济增长主要依靠投资特别是重化工业投资，成为此后一直到改革开放的几十年中我国经济发展的基本特征（参见吴敬琏：《中国增长模式抉择（第 4 版）》，上海远东出版社 2013 年版，第 110—116 页）。

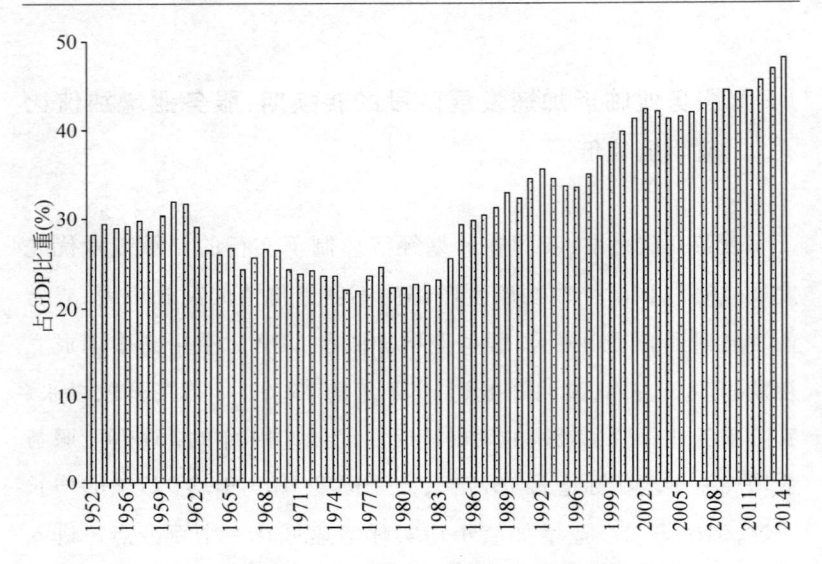

图 3-1　1952—2014 年我国服务业增加值比重

资料来源:《中国国内生产总值核算历史资料(1952—2004)》《中国统计年鉴 2015》。

值占 GDP 比重比韩国低近 12 个百分点,比德国、日本低 20 多个百分点,比美国、法国低 30 个百分点左右。考虑到发展阶段的影响,我国服务业增加值比重的走势特征与国际经验非常接近,服务业增加值比重偏低的程度比相同年份的直接比较有所缩减,但仍有不小差距(见图 3-2)。而已有研究表明,服务业统计低估是其中一个不可忽视的重要原因。①

---

①　尽管各国在服务业统计上都存在一定问题,但是我国的问题尤为突出。国内外许多机构和学者研究了我国服务业统计的低估状况。其中,许宪春(2004)认为,我国服务业现价核算的问题集中在:一是资料来源缺口。许多服务行业的企业和个体经营单位没有建立起经常性的统计调查制度,有关管理部门的服务业统计范围过窄,而且重实物量统计、轻价值量统计。二是资料来源口径。主要表现在从业人员劳动报酬统计,其统计口径不包括乡镇企业、私营单位和个体工商户,从而会影响到(接下页注)

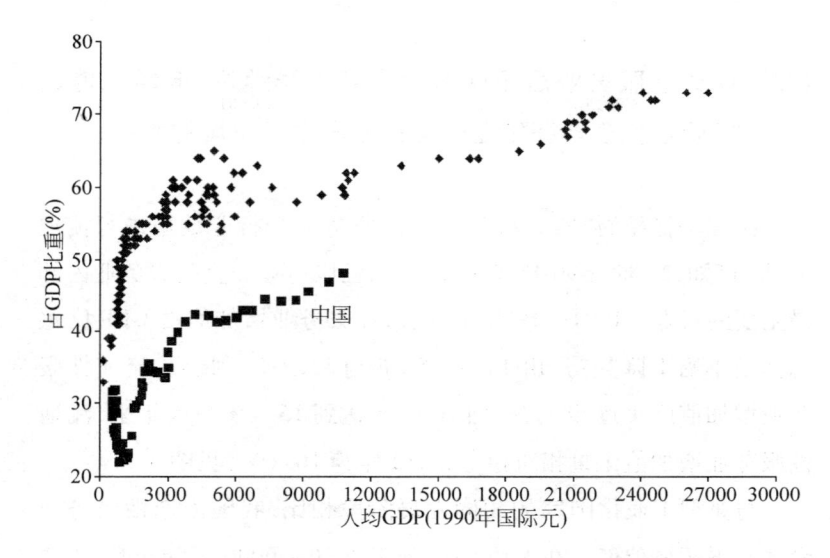

图 3-2　我国服务业增加值比重与国际经验的对比

资料来源:世界银行、国务院发展研究中心经济增长数据库、《中国统计年鉴2015》。

(接上页注释)服务业增加值中劳动者报酬计算的准确性。三是金融媒介服务的处理。关于金融媒介服务产出的计算,我国基本采用了 1968 年、1993 年 SNA 的方法,但并未剔除金融机构利用自有资金所获得的财产收入。四是房地产业核算。没有包括房地产开发经营企业之外的企业和城乡居民住户从事的以营利为目的的房屋出租活动;没有包括企业、事业和行政机关单位为本单位职工及其家庭提供的住房服务;城市房地产管理部门提供的面向特定群体的福利性住房,其房租价格远低于市场价格;城乡居民自有住房服务的增加值是按折旧计算的,没有包括其他成本,估算偏低;固定资产折旧数据一般都是按历史成本计算的,也存在偏低的成分。五是保姆服务核算。按照 1993 年 SNA 的建议,保姆提供的家庭服务应当纳入服务业的生产和使用核算。目前,我国还没有做到这一点。六是计算机软件的处理。我国在统计制度中还没有对计算机软件做出相应的规定。七是进口税的处理。我国国内生产总值核算把进口税计入批发零售贸易业增加值中,但进口税并不是针对批发零售贸易活动征收的税,所以这种处理方法是不合适的。八是未观测经济(Non-observed Economy)统计,包括非法生产、地下生产、非正规部门生产等活动。我国还没有就未观测经济进行深入系统的研究,但未观测经济在我国某些服务领域肯定是存在的。以上这些问题都会在较大程度上造成我国服务业增加值统计的低估。

(二)流通性服务业居于服务业内部主导地位,但增加值比重明显低于典型工业化国家相同发展阶段的水平

按照辛格曼的"四分法",对我国服务业分行业数据进行梳理汇总①可知,20世纪90年代至今,流通性服务业一直是服务业内部最主要的行业。1991—1996年,流通性服务业增加值占GDP比重总体呈小幅下降趋势,由14.4%降低到12.8%。此后,流通性服务业增加值比重逐步上升,到2004年达到15.9%。近年来,流通性服务业增加值比重相对稳定,2012年为16.1%(见图3-3)。②

与典型工业化国家的相同发展阶段相比,我国流通性服务业发展水平明显偏低。在人均GDP处于3000—9000国际元时,我国

---

① 需要说明的是,按照辛格曼的"四分法"对我国服务业内部行业进行归类,存在一定的难度。一是统计分类发生较大变化。1991年,国家统计局开始发布较为详细的服务业分行业数据(共12个行业),而2004年以后,又根据新的国民经济行业分类发布服务业分行业数据(共14个行业),许多服务行业的名称、统计范围发生了变化,统计数据无法前后衔接。二是无法获得经济普查后全部细分行业的修正数据。2004年第一次经济普查后,国家统计局对交通运输仓储及邮政业、批发和零售业、住宿和餐饮业、金融业、房地产业共5个行业的数据进行了修订,但无法从公开渠道获得全部12个行业的修订数据。三是统计分类过粗。与正文中所涉及的典型工业化国家相比,我国部分服务行业难以准确归类到辛格曼"四分法"的类别中(如"批发和零售贸易餐饮业"其中的"餐饮业"属于个人服务业,而"批发和零售业"又属于流通性服务业)。为此,本文借助《国民经济行业分类》国家标准对照表(1994版、2002版)以及相应年份的投入产出表中更为详细的行业数据,对一些服务行业进行切分和归并,以尽可能减小因分类方法造成的偏差。

② 采用新的国民经济行业分类(GB/T 4754-2011)后,统计口径已有所调整。不过,2015年《中国统计年鉴》中只有2010—2013年的服务业分行业数据,对之前的修订数据并未公布。为保持历史数据的可比性,这里沿用修订前截至2012年的数据进行分析。

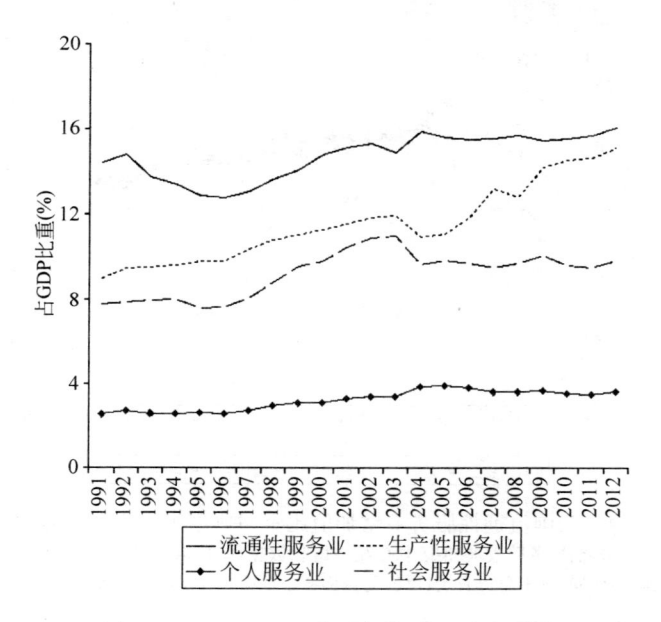

图 3-3　1991—2012 年我国服务业内部结构

资料来源:根据相关年份的《中国统计年鉴》《中国第三产业统计年鉴》《中国投入产出表》计算整理而成。

流通性服务业增加值比重比美国、法国、韩国低 6—10 个百分点,也比日本、德国低 3—5 个百分点(见图 3-4)。

另外,比较我国与日本、韩国、法国在相同发展阶段时流通性服务业增加值比重与第二产业增加值比重之间的关系可以发现,我国流通性服务业的发展趋势也大体符合国际经验所揭示的规律,即在工业化中后期,流通性服务业增加值比重总体保持高位平稳。只是与日本、韩国、法国三个国家流通性服务业增加值比重基本处于 20% 左右的水平相比,我国流通性服务业增加值比重存在近 5 个百分点的差距(见图 3-5)。

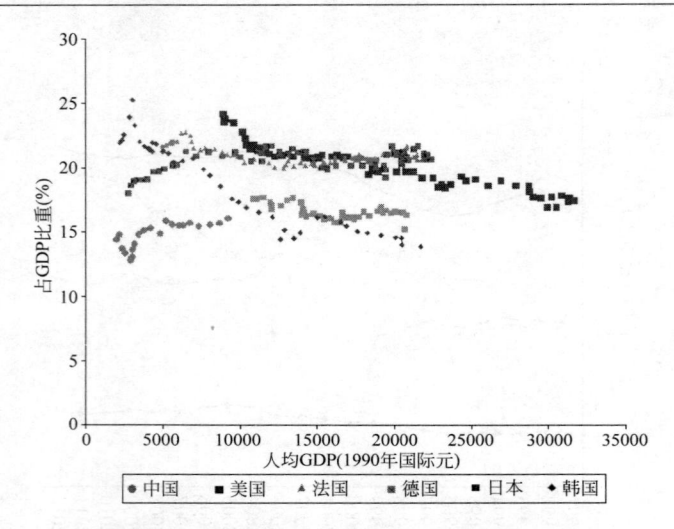

图 3-4 我国流通性服务业增加值比重与典型工业化国家的对比

资料来源:国务院发展研究中心经济增长数据库、CEIC 数据库、美国经济分析局、法国统计局、日本总务省统计局、荷兰格罗宁根增长与发展中心数据库。

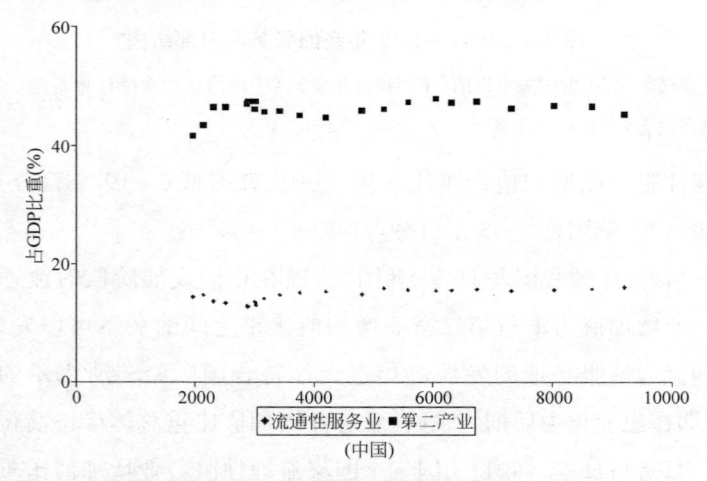

图 3-5 我国流通性服务业和第二产业增加值
比重与典型工业化国家的对比

资料来源:国务院发展研究中心经济增长数据库、CEIC 数据库、美国经济分析局、法国统计局、日本总务省统计局、荷兰格罗宁根增长与发展中心数据库。

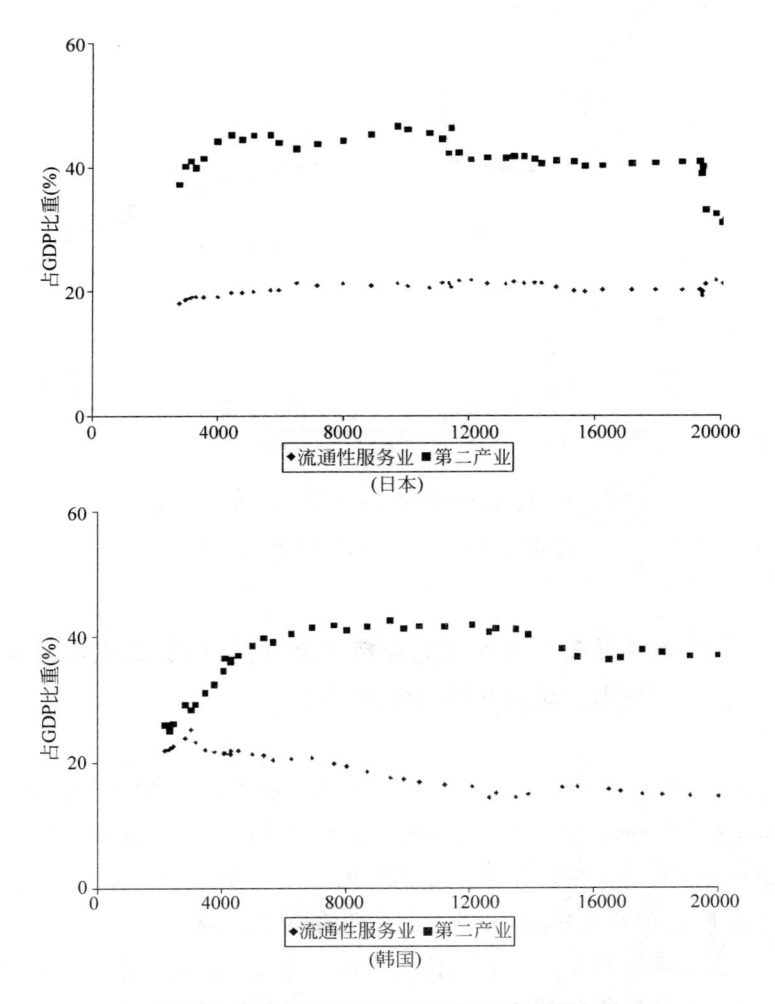

图 3-5 我国流通性服务业和第二产业增加值
比重与典型工业化国家的对比(续)

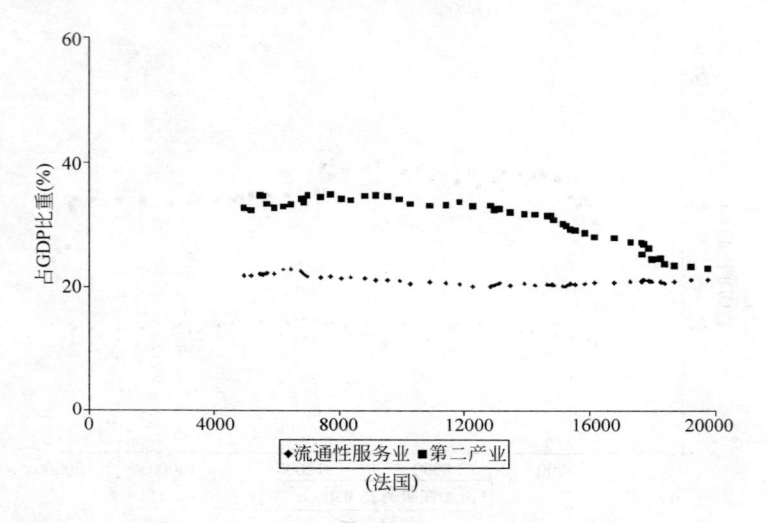

图 3-5　我国流通性服务业和第二产业增加值
比重与典型工业化国家的对比（续）

（三）生产性服务业增加值比重持续上升，与典型工业化国家相同发展阶段的走势吻合度很高

20世纪90年代以来，我国生产性服务业增加值占GDP比重逐步上升，由1991年的9.0%递增到2012年的15.1%，其间虽受到2008年国际金融危机等多重因素的冲击，生产性服务业增加值比重略有下降，但并没有影响生产性服务业的长期发展趋势（见图3-6）。

从相同发展阶段来看，我国生产性服务业的发展轨迹与典型工业化国家的经验事实吻合度很高。[①] 2012年，我国生产性服务业增

---

① 这并不能表明我国生产性服务业发展的质量也与典型工业化国家一致，相反，"大而不强"、与第二产业融合不够等问题较为突出。

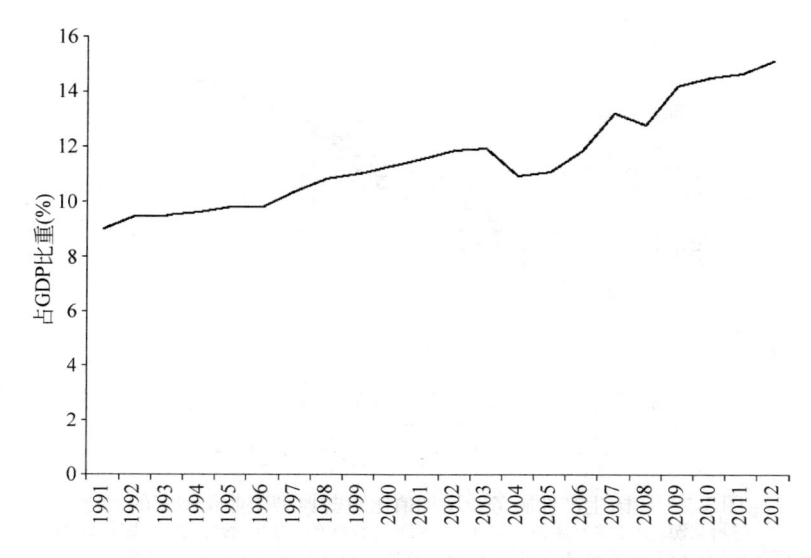

图 3-6　1991—2012 年我国生产性服务业增加值比重

资料来源：根据相关年份的《中国统计年鉴》、《中国第三产业统计年鉴》、《中国投入产出表》计算整理而成。

加值比重为 15.1%，对应的人均 GDP 为 9212 国际元；而法国在人均 GDP 是 9165 国际元（1965 年）时，生产性服务业增加值比重为 16.7%；日本在人均 GDP 为 8874 国际元（1969 年）时，生产性服务业增加值比重是 13.9%；韩国在人均 GDP 达到 9446 国际元（1991 年）时，生产性服务业增加值比重为 15.9%（见图 3-7）。

比较我国与五个典型工业化国家在相同发展阶段时生产性服务业增加值比重与第二产业增加值比重之间的关系也可发现，我国生产性服务业的发展趋势大体符合国际经验揭示的规律，特别是与日本的走势非常接近（见图 3-8）。日本在 20 世纪 60 年代后期 70 年代初第二产业增加值比重为 44%—46% 时，生产性服务业增加值比重大体在 13.9%—15.2%。

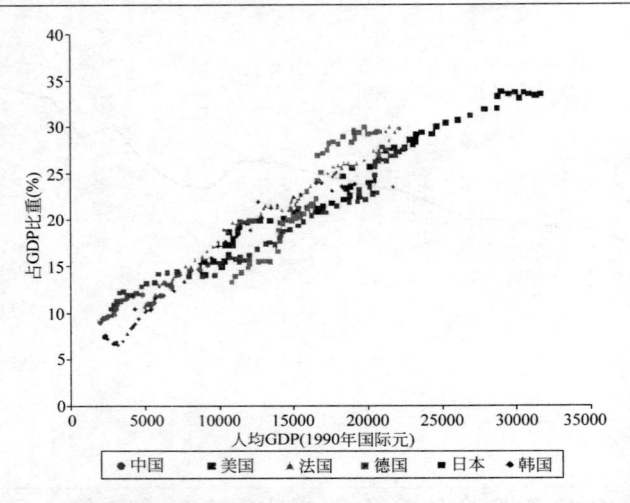

图 3-7　我国生产性服务业增加值比重与典型工业化国家的对比

资料来源：国务院发展研究中心经济增长数据库、CEIC 数据库、美国经济分析局、法国统计局、日本总务省统计局、荷兰格罗宁根增长与发展中心数据库。

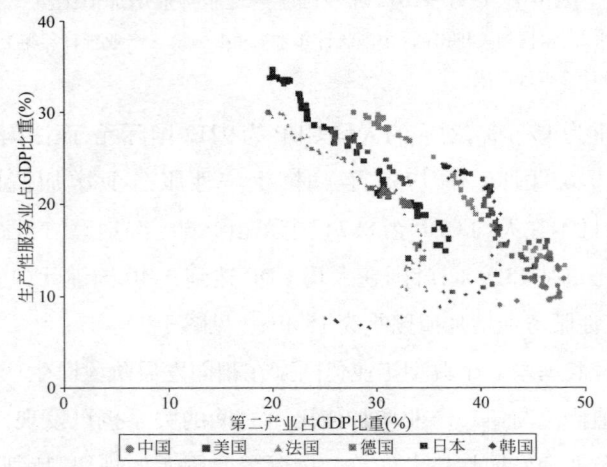

图 3-8　我国生产性服务业和第二产业
增加值比重与典型工业化国家的对比

资料来源：国务院发展研究中心经济增长数据库、CEIC 数据库、美国经济分析局、法国统计局、日本总务省统计局、荷兰格罗宁根增长与发展中心数据库。

此外,比较我国与前述五个国家在相同发展阶段时生产性服务业增加值比重与城市化率之间的关系还可发现,我国生产性服务业的发展趋势也与日本较为类似。日本在 20 世纪 60 年代城市化率刚超过 50% 时,生产性服务业增加值比重也在 15% 左右(见图 3-9)。

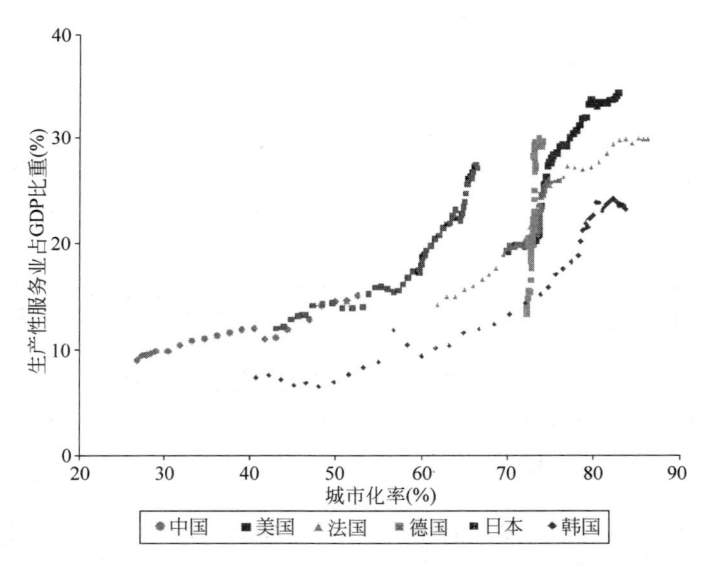

图3-9　我国生产性服务业增加值比重、城市化率与典型工业化国家的对比

资料来源:国务院发展研究中心经济增长数据库、CEIC 数据库、美国经济分析局、法国统计局、日本总务省统计局、荷兰格罗宁根增长与发展中心数据库。

(四) 个人服务业增加值比重小幅波动,与典型工业化国家相同发展阶段的水平基本相当

1991—1997 年,我国个人服务业增加值占 GDP 比重一直稳定在 2.6% 左右的水平;此后呈逐年递增的态势,2005 年达到 3.9%;近年来略有回落,截至 2012 年个人服务业增加值比重为 3.6%(见图 3-10)。

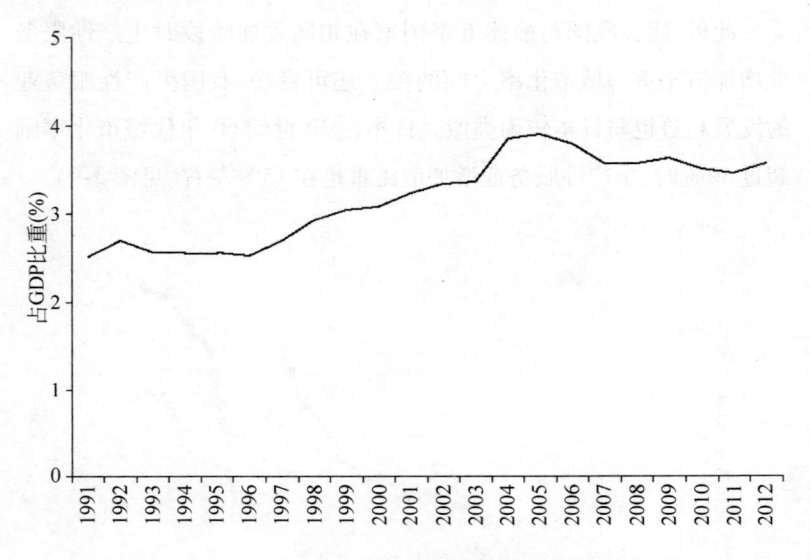

图 3-10　1991—2012 年我国个人服务业增加值比重

资料来源:根据相关年份的《中国统计年鉴》、《中国第三产业统计年鉴》、《中国投入产出表》计算整理而成。

与典型工业化国家的相同发展阶段相比,我国个人服务业发展水平与韩国、美国较为近似。在人均 GDP 处于 3000—9000 国际元时,我国个人服务业增加值比重在 3.0%—3.9%,平均为 3.5%;与美国 3.1% 左右、韩国 2.5%—4.2% 的水平基本相当;但高出法国约 0.5 个百分点,高出日本 2 个多百分点(见图 3-11)。

(五)社会服务业增加值比重总体稳定,与典型工业化国家相同发展阶段的水平尚有差距

1991—1996 年,我国社会服务业增加值占 GDP 比重多年处于

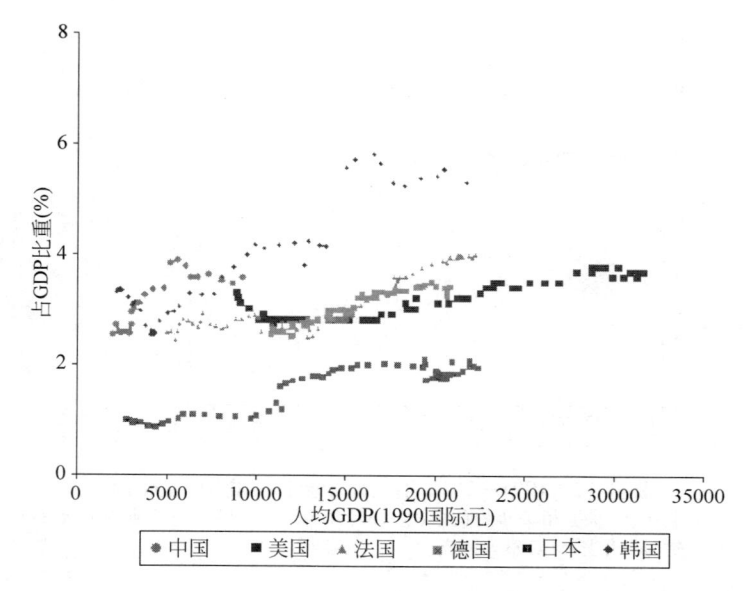

图 3-11 我国个人服务业增加值比重与典型工业化国家的对比

资料来源:国务院发展研究中心经济增长数据库、CEIC 数据库、美国经济分析局、法国统计局、日本总务省统计局、荷兰格罗宁根增长与发展中心数据库。

7.8%左右相对稳定的水平。此后,社会服务业增加值比重出现一定幅度的上升,到 2003 年上升到 10.9%,近年来一直保持在 9.7%左右(见图 3-12)。

与典型工业化国家的相同发展阶段相比,我国社会服务业发展水平相对偏低。在人均 GDP 处于 3000—9000 国际元时,我国社会服务业增加值比重在 9.6%—13.2%,均值为 10%;比美国、法国、日本低 4 个百分点左右,比韩国低近 2 个百分点(见图 3-13)。

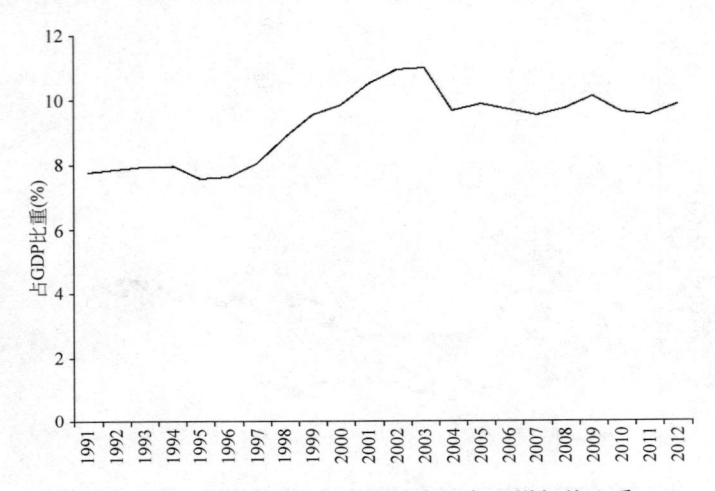

图 3-12　1991—2012 年我国社会服务业增加值比重

资料来源：根据相关年份的《中国统计年鉴》、《中国第三产业统计年鉴》、《中国投入产出表》计算整理而成。

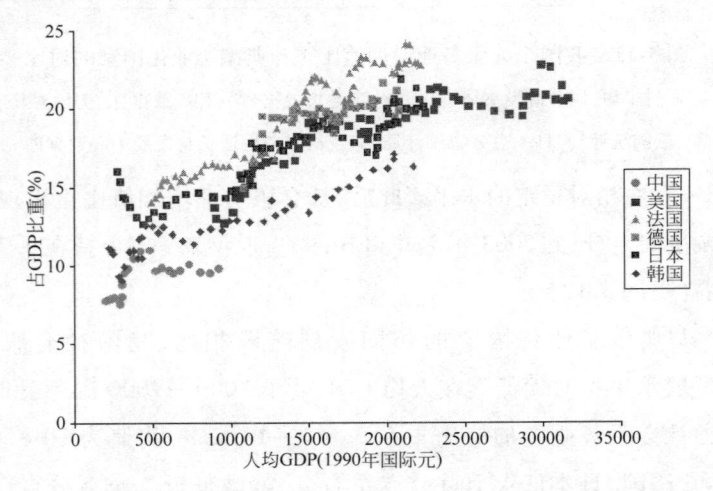

图 3-13　我国社会服务业增加值比重与典型工业化国家的对比

资料来源：国务院发展研究中心经济增长数据库、CEIC 数据库、美国经济分析局、法国统计局、日本总务省统计局、荷兰格罗宁根增长与发展中心数据库。

二、未来十年服务业发展趋势预测

对未来十年我国服务业发展趋势的分析和预测,采用的是以下方法:一是根据我国人均 GDP 的预测序列①,结合典型工业化国家服务业内部结构演变的经验事实,框定这些国家在相近收入水平上的流通性服务业、生产性服务业、个人服务业和社会服务业增加值比重,以其均值作为我国这四类服务业增加值比重的基本走势。二是结合影响流通性服务业、生产性服务业、个人服务业、社会服务业发展的其他主要因素(如第二产业增加值比重、城市化率等),对预测结果进行必要的验证和修正。三是加总前述的四类服务业增加值比重预测值,得到整个服务业增加值比重的未来趋势。

由于国家统计局发布的 2014 年 GDP 核算数据完全采用了新的《国民经济行业分类》(GB/T 4754-2011),涉及服务业的统计分类和口径发生了一些调整②,这也是服务业发展趋势预测中需要考

---

① 预测序列为国务院发展研究中心"中长期增长"课题组通过可计算一般均衡模型测算得到的结果。参见刘世锦主编的《中国经济增长十年展望》,该书自 2013 年起由中信出版社已连续出版三辑。

② 按照新的行业分类,服务业除了包括原有的(1)批发和零售业,(2)交通运输、仓储和邮政业,(3)住宿和餐饮业,(4)信息传输、软件和信息技术服务业,(5)金融业,(6)房地产业,(7)租赁和商务服务业,(8)科学研究和技术服务业,(9)水利、环境和公共设施管理业,(10)居民服务、修理和其他服务业,(11)教育,(12)卫生和社会工作,(13)文化、体育和娱乐业,(14)公共管理、社会保障和社会组织,(15)国际组织之外,还纳入了第一产业中的农林牧渔服务业,第二产业采矿业中的开采辅助活动和制造业中的金属制品、机械和设备修理业。

虑的具有长期意义的新变化。特别是新纳入服务业统计范围的三个行业,无疑会抬高服务业增加值及其占 GDP 比重的基数,并且这些行业都具有中间投入品的性质,使得生产性服务业在服务业及整个经济中的份额将会增加。①

还要说明的是,上述方法得到的预测结果更多的是反映我国四个不同类型服务业增加值比重及整个服务业增加值比重的中长期趋势,具体预测结果可能会有偏差。

(一)流通性服务业增加值比重小幅上升后逐步回落;生产性服务业增加值比重持续提高,预计"十二五"末将超过前者,成为服务业内部第一大行业

从相同发展阶段的流通性服务业增加值比重来看,我国流通性服务业的发展趋势基本符合典型工业化国家的经验事实,特别是与日本流通性服务业的发展轨迹更为近似;只是流通性服务业增加值比重比日本、法国偏低约 5 个百分点,但差距有逐步缩小的趋势。因此,需要对国际经验数据均值进行一定的修正,为此对 2013 年的国际经验数据均值按 5 个百分点进行缩减,并假设之后的年份缩减幅度每年递减 0.2 个百分点。另外,鉴于我国生产性服务业发展水平与典型工业化国家相同发展阶段的发展规律吻合度很高,在此直接以国际经验数据的均值,作为对未来十年我国生产性服务业增加值比重的预测值。

---

① 根据计算,2014 年我国农林牧渔服务业增加值占 GDP 比重为 0.29%、开采辅助活动以及金属制品、机械和设备修理业的增加值占 GDP 比重为 0.18%,合计占 GDP 的 0.5% 左右。

根据预测结果,我国流通性服务业增加值比重短期内将微升至16.5%,而后逐步回落到2024年的14.7%,而生产性服务业增加值比重呈持续递增的趋势,2024年有望达到25.6%。预计"十二五"末,生产性服务业增加值比重将会超过流通性服务业增加值比重,对应的人均GDP为11000多国际元(见图3-14)。这一结果与典型工业化国家流通性服务业、生产性服务业的增加值比重走势发生转变时人均GDP处于10000—15000国际元的区间范围相吻合。

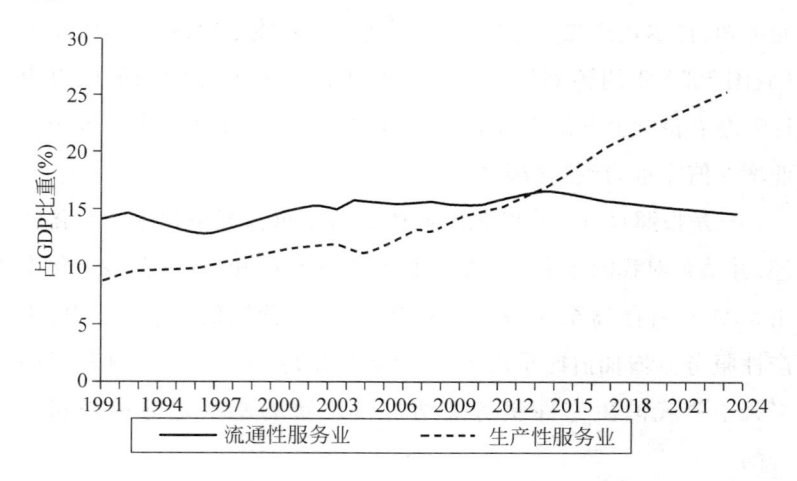

图3-14　1991年以来我国流通性服务业和生产性服务业增加值比重及对2015—2024年的预测

资料来源:根据相关年份的《中国统计年鉴》、《中国第三产业统计年鉴》及作者测算。

为验证所得的流通性服务业增加值比重、生产性服务业增加值比重预测值的合理性,可进一步考察相同发展阶段流通性服务业增加值比重、生产性服务业增加值比重与第二产业增加值比重之间的关系,以及生产性服务业增加值比重与城市化率的关系。

一是与日本、韩国、法国在工业化中后期流通性服务业增加值比重总体保持高位平稳、大体处于20%左右的水平相比,我国流通性服务业增加值比重约有5个百分点的差距。这与预测未来十年我国流通性服务业增加值比重大体稳定在15%左右的水平基本吻合。

二是按照日本生产性服务业增加值比重与第二产业增加值比重的变化轨迹,并结合对我国未来十年第二产业增加值比重的预测可知,日本在第二产业增加值比重由峰值逐步回落到35%左右(我国2023年的预测值)的过程中,生产性服务业增加值比重由14%左右持续上升到23%以上。这与对未来十年我国生产性服务业增加值比重的预测结果非常接近。

三是按照日本生产性服务业增加值比重与城市化率的变化轨迹,并结合对我国未来十年城市化率的预测可知,日本在城市化率由50%左右提高至65%(我国2024年的预测值)的过程中,生产性服务业增加值比重由15%持续上升到24%以上。这与预测未来十年我国生产性服务业增加值比重的基本走势也是相吻合的。

(二)个人服务业增加值比重稳中微升,社会服务业增加值比重呈明显上行趋势

由于我国个人服务业发展水平与典型工业化国家特别是美国、韩国在相同发展阶段时比较近似,因此对未来十年我国个人服务业增加值比重按照国际经验数据的均值作为预测值。从预测结

果来看,2015—2024年我国个人服务业增加值比重总体呈小幅上升的趋势,由目前的3.6%上升至2024年的4.2%左右(见图3-15)。

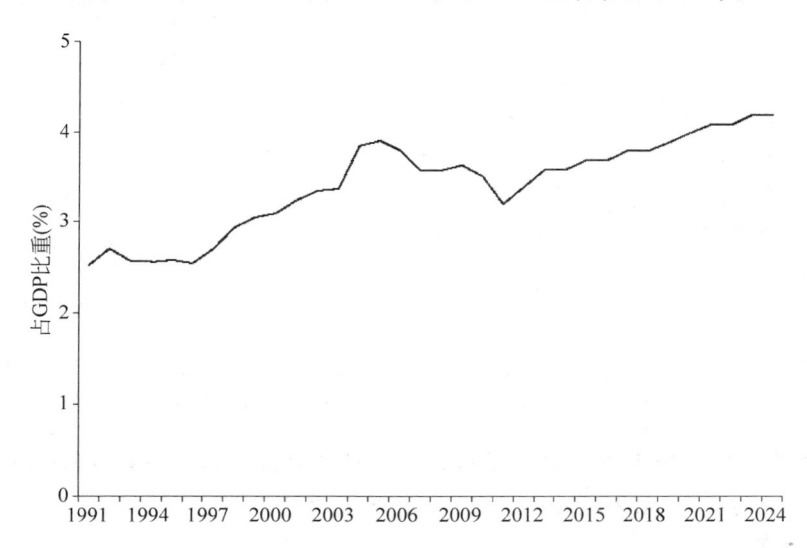

图3-15　1991年以来我国个人服务业增加值比重及对2015—2024年的预测

资料来源:根据相关年份的《中国统计年鉴》《中国第三产业统计年鉴》及作者测算。

从国际经验来看,我国社会服务业的发展趋势大体符合典型工业化国家的走势特征,只是社会服务业增加值比重比这些国家相同发展阶段偏低约4个百分点。因此,也需要对国际经验数据均值进行一定的修正,为此将国际经验数据均值按4个百分点进行缩减。根据预测结果,2015—2024年我国社会服务业增加值比重呈稳步上升的态势,由目前的10%左右逐步攀升到18.1%(见图3-16)。

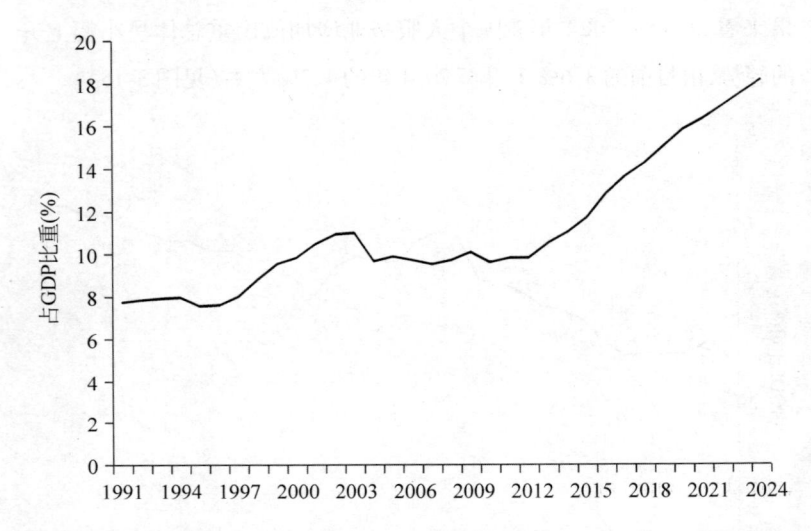

图 3-16　1991 年以来我国社会服务业增加值比重及对 2015—2024 年的预测

资料来源:根据相关年份的《中国统计年鉴》、《中国第三产业统计年鉴》及作者测算。

(三) 服务业增加值占 GDP 比重预计在"十三五"初期将突破 50%

综合前述四类服务业增加值比重的预测结果,可以得到 2015—2024 年我国整个服务业增加值占 GDP 比重的预测结果。总的来看,未来十年我国服务业增加值比重将保持平稳上升的态势,预计 2016 年服务业增加值比重将突破 52%;2024 年超过 62%,达到 62.6%(见图 3-17)。

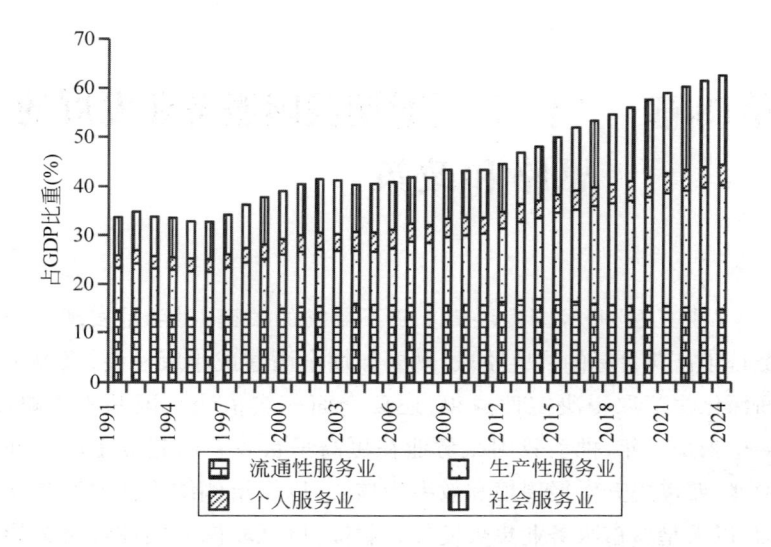

图 3-17　1991 年以来我国服务业增加值比重及对 2015—2024 年的预测

资料来源：根据相关年份的《中国统计年鉴》、《中国第三产业统计年鉴》及作者测算。

第四章 "十三五"时期我国服务业发展的思路和政策

"十三五"是我国发展史上极不寻常的关键五年,是实现第一个百年奋斗目标的决胜阶段,既要如期全面建成小康社会,又要全面深化改革取得决定性成果,还要全面落实依法治国基本方略。展望未来五年,推动我国服务业在更高平台和新的起点上的全面发展,要以提升发展规模和效率为核心,以供给侧结构性改革为动力,以大型城市服务业集聚发展为载体,以互联网+实体经济为导向,努力实现创新、协调、绿色、开放和共享发展,为经济新常态提供新的增长动力和创新要素支撑,进一步增进民生福祉和有更多获得感。

一、"十二五"期间服务业发展的成就及问题

"十二五"以来,我国服务业发展呈现稳中有进的良好态势,接连取得一系列重要进展,但也还存在一些值得重视和需要解决的问题。

(一)服务业增加值和就业规模快速增长,已成为国民经济第一大产业

2014 年,我国服务业实现增加值 30.6 万亿元,相当于"十一

五"末(2010年)的1.7倍。自2012年以来,服务业实际增长率分别为8.0%、8.3%和7.8%,年度间波动幅度较小,并且连续2年高于同期GDP和第二产业增速,实现了难得的"双超越"。继2012年服务业增加值占GDP比重(45.5%)首次超过第二产业、形成"三二一"的产业结构后,2014年该比重进一步上升到48.1%,比"十一五"末提高3.9个百分点。另外,截至2014年年底,我国服务业就业规模已超过3.1亿人,比2010年增加5032万人,大大高于整个"十一五"时期的服务业就业增量。2011年,服务业就业人数占总就业人数的比重(35.7%)首次超过第一产业,成为吸纳就业主渠道,在此基础上,2014年该比重又上升至40.6%,比"十一五"末增加6个百分点(见图4-1)。

可见,无论是服务业的增加值比重还是就业比重,"十二五"规划设定的发展目标已接近或提前实现①,服务业作为国民经济第一大产业的地位不断巩固。

(二)服务创新持续加快,新兴行业和业态大量涌现

在物联网、云计算、大数据等新一代信息技术的推动下,我国服务业的技术创新、管理创新、商业模式创新层出不穷。越来越多传统产业的企业开始线上线下互动融合,一些甚至转型成为供应

---

① 《国民经济和社会发展第十二个五年规划纲要》中提出"到2015年,服务业增加值占国内生产总值的比重较2010年提高4个百分点"的目标。另外,作为我国首部国家级服务业发展专项规划,《服务业发展"十二五"规划》中进一步明确"到2015年,服务业成为三次产业中比重最高的产业,服务业就业人数占全社会就业人数的比重较2010年提高4个百分点"。

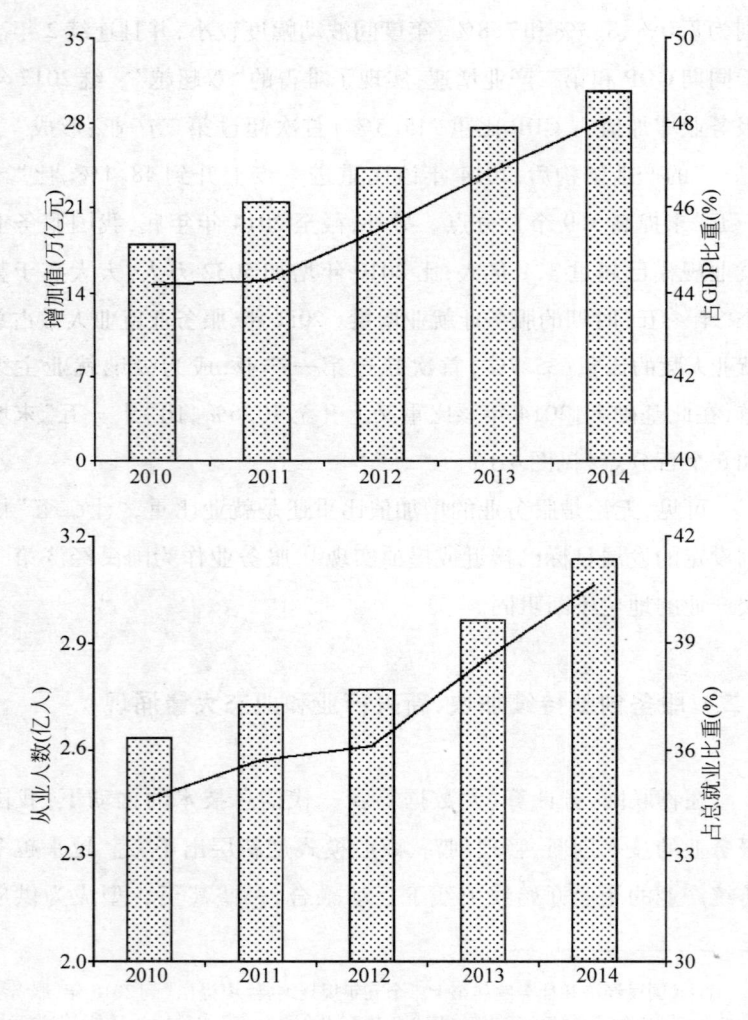

图 4-1　2010—2014 年我国服务业增加值和就业人数

资料来源：《中国统计年鉴 2015》。

链集成服务平台,整合标准化的服务要素和资源,形成了丰富多样的"互联网+"跨界合作模式。各类即时通信应用也成为众多行业企业广泛使用的新平台,凸显了服务的差异化、便捷性,增强了消费者体验和参与度。

同时,随着产业转型升级和居民消费升级步伐的加快,许多新的服务供给应运而生,推动了网购、快递、融资租赁、节能环保、健康服务等新兴行业以及地理信息、跨境电商、互联网金融等新兴业态[①]的兴起和快速成长。以网购为例,2010年我国网络零售交易额仅有5131亿元,2013年突破1.8万亿元,超过美国成为全球最大的网络零售市场,2014年进一步升至2.8万亿元,相当于2010年的5.4倍多。网购的持续高速增长在创造消费新时点[②]的同时,还带动了快递业的飞速发展。2014年,我国快递业务量完成139.6亿件,是2010年的近6倍,也一跃成为世界第一(见图4-2)。与此同时,在网购平台上,还涌现出导购服务、数据分析、代运营、金融支付等专业化分工的新兴服务业态。

---

① 服务业新兴行业和新兴业态在国内外还是一个新的研究领域,尚未形成统一、明确的定义。两者之间虽具有高成长性、高创新性等共性特征,但还是有明显的区别。新兴服务业态所指的经营模式、交易方式可以在多个行业中都有涉及,且内容互有交叉重复,它的发展促进了不同行业间的相互融合。因此,很难简单地用某一个行业来对号入座反映其经营活动内容,也难以完整界定新兴服务业态的行业属性。而新兴服务业则一般已经形成规模,成为边界较为清晰的独立行业。

② 自2009年开始,每年的11月11日,以淘宝、天猫、京东为代表的大型电子商务网站都会利用这一天来进行大规模的打折促销,这已成为我国乃至全球规模最大的商业活动。

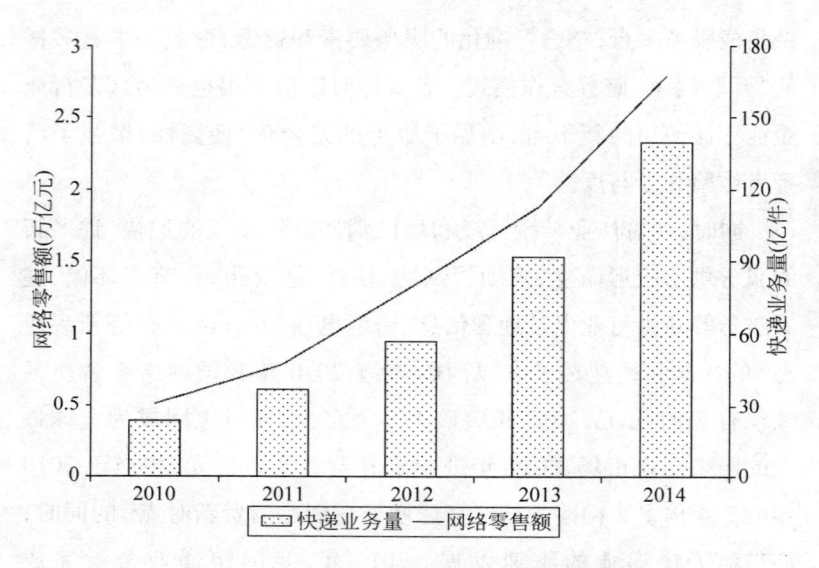

图 4-2　2010—2014 年我国网络零售额和快递业务量
资料来源：商务部、国家邮政局。

（三）服务贸易规模不断扩张，吸引外资和对外投资取得新突破

"十二五"期间，我国服务贸易快速增长，进出口总额先后超过英国、德国跻身世界第二，成为促进外贸发展的重要增长点。2014 年，我国服务贸易进出口总额首次突破 6000 亿美元，达到 6043.4 亿美元，比 2010 年的 3624.2 亿美元增长了 66.8%，年均递增 13.6%，不仅高出同期货物贸易增速 6.7 个百分点，并且还超过同期世界服务贸易进出口增速 7.2 个百分点，占世界服务进出口总额的比重也由 2010 年的 5.0% 上升到 2014 年的 6.3%（见图 4-3）。

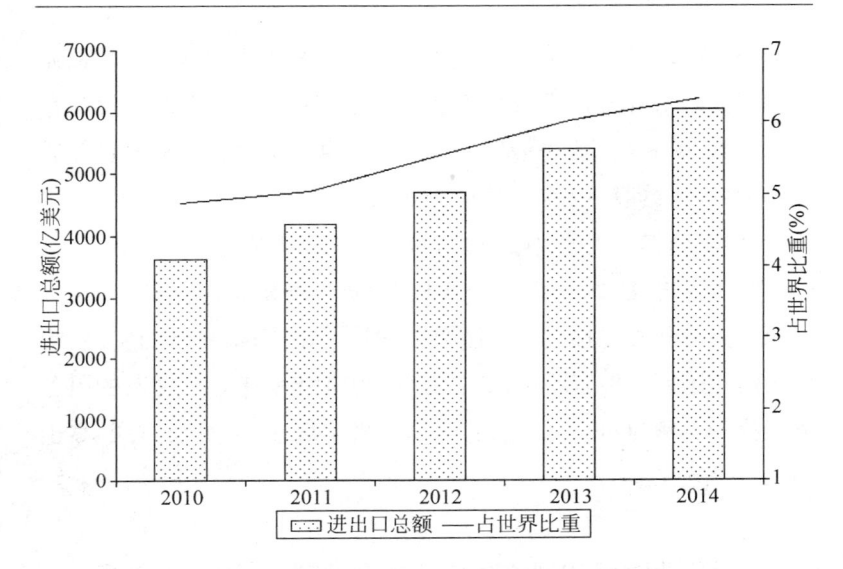

图 4-3　2010—2014 年我国服务贸易进出口总额及占世界的比重
资料来源：商务部、世界贸易组织。

2008 年国际金融危机以来，全球产业分工格局发生了深刻变化。一方面，国际产业转移更加注重对东道国市场需求的快速响应，与原有加工制造紧密联系的研发、采购、物流等生产性服务业，通过跨国直接投资等方式，加快向中国等新兴市场国家转移；另一方面，以中国为代表的新兴市场国家也在加快对外投资布局，并逐渐成为对外投资的重要输出国。① "十二五"期间，我国服务业吸引外资保持较快增长。2014 年，在我国外资流入额首超美国位居全球第一的情况下，服务业实际使用外资 740 多亿美元，为 2010 年的近 1.5 倍，年均递增 10.4%，大大超过第二产业的增速。

---

① 2014 年，我国对外直接投资创下 1231.2 亿美元的历史新高，连续 3 年位列全球第三，双向投资首次接近平衡。

同时，截至 2014 年年底，租赁和商务服务业、批发零售业、金融业已成为我国对外直接投资最主要的领域，这 3 个行业累计投资存量已占到 63.8%。服务业对外投资方式也从单一的入地投资扩展到跨国并购、参股、境外上市等多种方式。

另外，值得一提的是，2014 年我国承接离岸服务外包执行金额 559.2 亿美元，是 2010 年的 3.8 倍多，年均增幅超过 40%，稳居全球第二大服务外包接包国。随着"一带一路"国家战略的实施，我国与沿途国家的经贸联系也在加深。2014 年承接这些国家的服务外包执行金额为 98.4 亿美元，增幅比当年离岸外包执行总额高出 13.2 个百分点。

（四）服务业领域体制改革持续推进，政策环境逐步向好

在"十二五"规划中，服务业的发展被视为产业结构优化升级的战略重点。与改革开放以来其他几个五年（计划）规划相比，无论是"服务业"提及的频率，还是发展目标的设定、发展内容的阐述，"十二五"规划无疑把服务业摆在了更加重要的位置（见表4-1）。

从实践来看，各级政府将服务业纳入了政策优先领域，对促进服务业快速发展起到了有力支撑。例如，开展全国范围的"营改增"试点、免征部分小微企业增值税和营业税，为服务业企业减轻了税负，同时也为整个行业发展注入了新动力。连续多次取消和下放行政审批事项，推动政府权力运行的规范化、法治化，切实降低了企业准入门槛。商事制度改革的全面实施，对不少服务行业的促进作用非常明显。金融领域的利率市场化改革、大幅减少外汇干预、民营银行试点等，对于化解包括服务业在内的企业融资成

本高、促进服务主体多元化发展也产生了积极效果。此外,上海、天津、广东、福建四大自由贸易试验区的互补对比试验,通过开放倒逼深层次改革,在扩大服务业开放、构筑对外投资服务促进体系、探索负面清单管理模式、加快金融制度创新方面也取得了阶段性成效。

表 4-1 改革开放以来历次五年(计划)规划对服务业发展的论述

时期	发展目标	提及频率	具体内容
六五(1981—1985年)	—	3次	在第二编"各经济部门发展计划"单列"运输和邮电"、"国内商业"两章。其中,提出了到1985年要完成的运输量和邮电业务总量指标,分别从铁路建设、水运建设、公路建设、民用航空建设、邮电通信进行论述;提出了到1985年要完成的社会商品零售额指标,并论述了社会商业结构、国营商业的经营管理等。
七五(1986—1990年)	按照1985年价格计算,1990年第三产业产值达到2810亿元,比1985年增长71.3%,年均增长11.4%。到1990年,在国民生产总值中,第三产业所占比重由1985年的21.3%上升到25.5%。	6次	在第二篇"产业结构和产业政策"的"调整产业结构的方向和原则"一章中强调"加快为生产和生活服务的第三产业的发展"。同时,单列"商品流通"一章,并从消费资料流通、生产资料流通、市场管理三个方面加以论述。在第三篇"地区布局和地区经济发展政策"的"东部沿海地带的经济发展"中指出"大力发展为生产和生活服务的第三产业,特别是要大力开展咨询服务,积极发展金融、保险、信息等事业,建立日用工业品、农副产品贸易中心、生产资料交易中心、进出口商品交易中心。积极发展旅游业"。

续表

时期	发展目标	提及频率	具体内容
八五(1991—1995年)	进一步重视第三产业,使之继续快于第一、二产业的发展。按1990年价格计算,1995年第三产业增加值比1990年增长53.9%,平均每年增长9%。	11次	在第三篇"'八五'期间主要经济部门发展的任务和政策"单列"商品流通"一章,并分别从消费品流通、生产资料流通两个方面专门论述。在第四篇"'八五'期间地区经济发展的布局和政策"的"沿海地区的经济发展"中提到"大力发展第三产业,包括金融、保险、信息、旅游、咨询、房产以及生活服务业"。论述"内陆地区的经济发展"时提到"重视发展第三产业,特别是着重发展为生产、生活服务的劳动密集型产业"。
九五(1996—2000年)	产业结构进一步优化。第三产业在国民经济中的比重明显上升,对发展社会主义市场经济的服务功能大大加强。	10次	在第四篇"保持国民经济持续快速健康发展"中单列一章"积极发展第三产业",指出"以第一、二产业发展为基础,形成合理的规模和结构。继续发展商业和生活服务等传统产业。积极发展旅游、信息、咨询、技术、法律和会计服务等新兴产业。规范和发展金融、保险业。引导房地产业健康发展。健全资产评估、业务代理、行业协调等中介服务。改革管理体制,建立适应市场竞争的运行机制,区别情况,促进符合条件的福利型、事业型单位向经营型、企业型转变"。

续表

时期	发展目标	提及频率	具体内容
十五(2001—2005年)	产业结构优化升级。2005年第三产业增加值占国内生产总值的比重为36%,从业人员占全社会从业人员的比重为33%。	16次	在第二篇"经济结构"中单列一章"发展服务业,提高供给能力和水平",提出"要以市场化、产业化和社会化为方向,增加供给,优化结构,拓宽领域,扩大就业,加快发展服务业",并分三节论述: 1. 发展面向生活消费的服务业,提到"住宅地产业、装修装饰业、物业管理业,旅游业,社区服务业,商业零售业和餐饮业,职业培训业,面向生活消费的金融、保险服务,娱乐、健身服务,文化和体育产业"。 2. 发展主要面向生产的服务业,提到"流通业、运输业和邮政服务业,金融保险业,中介服务业,信息服务业"。 3. 形成有利于服务业发展的体制环境,指出"要转变观念,突破体制障碍,打破垄断,放宽市场准入。加快适宜产业化经营的社会事业的改革,实行政企(事)分开、企业与事业分开、营利性机构与非营利性机构分开。加快机关、学校、医院和企业事业单位后勤服务的社会化进程,逐步改制为独立法人企业。积极推进商业、外贸、供销、粮食等系统的改革,增强流通企业活力。拓宽服务业融资渠道。完善服务业标准,提高服务水平"。

续表

时期	发展目标	提及频率	具体内容
十一五（2006—2010年）	产业结构优化升级。服务业增加值占国内生产总值比重和就业人员占全社会就业人员比重分别提高3个和4个百分点。	30次	单列一篇"加快发展服务业"，提出"坚持市场化、产业化、社会化方向，拓宽领域、扩大规模、优化结构、增强功能、规范市场，提高服务业的比重和水平"，并分三章进行论述： 1. 拓展生产性服务业，提出"大力发展主要面向生产者的服务业，细化深化专业化分工，降低社会交易成本，提高资源配置效率"，包括优先发展交通运输业，大力发展现代物流业，有序发展金融服务业，积极发展信息服务业，规范发展商务服务业。 2. 丰富消费性服务业，提出"适应居民消费结构升级趋势，继续发展主要面向消费者的服务业，扩大短缺服务产品供给，满足多样化的服务需求"，包括提升商贸服务业，发展房地产业，大力发展旅游业，加强市政公用事业，加快发展社区服务业，发展体育事业和体育产业。 3. 促进服务业发展的政策，指出"打破垄断，放宽准入领域，建立公开、平等、规范的行业准入制度。鼓励社会资金投入服务业，提高非公有制经济比重。公共服务以外的领域，要按照营利性与非营利性分开的原则加快产业化改组。营利性事业单位要改制为企业，并尽快建立现代企业制度。继续推进政府机关和事业单位后勤服务社会化改革。采取积极的财税、土地、价格等政策，支持服务业关键领域、薄弱环节、新兴产业和新型业态的发展。健全服务业标准体系，推进服务业标准化。大城市要把发展服务业放在优先位置，有条件的要逐步形成服务经济为主的产业结构"。

续表

时期	发展目标	提及频率	具体内容
十二五（2011—2015年）	结构调整取得重大进展。服务业增加值占国内生产总值比重提高4个百分点。	56次	单列一篇"营造环境推动服务业大发展"，提出"把推动服务业大发展作为产业结构优化升级的战略重点，营造有利于服务业发展的政策和体制环境，拓展新领域，发展新业态，培育新热点，推进服务业规模化、品牌化、网络化经营，不断提高服务业比重和水平"，并分三章专门论述： 1. 加快发展生产性服务业，提出"深化专业化分工，加快服务产品和服务模式创新，促进生产性服务业与先进制造业融合，推动生产性服务业加速发展"，包括有序拓展金融服务业，大力发展现代物流业，培育壮大高技术服务业，规范提升商务服务业。 2. 大力发展生活性服务业，提出"面向城乡居民生活，丰富服务产品类型，扩大服务供给，提高服务质量，满足多样化需求"，包括优化发展商贸服务业，积极发展旅游业，鼓励发展家庭服务业，全面发展体育事业和体育产业。 3. 营造有利于服务业发展的环境，指出"以开放促改革，以竞争促发展，推动服务业制度创新，完善服务业政策体系，优化服务业发展环境"。

注："提及频率"指的是在（计划）规划全文中出现"服务业"、"第三产业"的次数。

资料来源：《中华人民共和国国民经济和社会发展第六个五年计划》、《中华人民共和国国民经济和社会发展第七个五年计划》、《中华人民共和国国民经济和社会发展十年规划和第八个五年计划纲要》、《中华人民共和国国民经济和社会发展"九五"计划和2010年远景目标纲要》、《中华人民共和国国民经济和社会发展第十个五年计划纲要》、《中华人民共和国国民经济和社会发展第十一个五年规划纲要》、《中华人民共和国国民经济和社会发展第十二个五年规划纲要》。

（五）服务业结构性失衡明显，有效供给能力不足

目前，我国服务业的结构层次依然较低。以物流业为例，在物流组织创新、技术创新的推动下，近年来欧美国家物流业结构出现重大变化，第三方物流、供应链管理、设施运营等新兴物流行业快速发展，越来越成为物流业发展的新支柱。而在我国，2014年交通运输业增加值占全部物流业增加值的比重仍高达68.6%，以多样化、专业化的新兴物流服务为主导，以物流设施及要素服务为支撑的现代物流业结构有待进一步发育。同时，我国服务业所有制结构仍以国有经济为主导，远高于第二产业的国有比重。以投资结构为例，2014年我国服务业固定资产投资（不含农户）中的国有控股投资占比达43.1%，比第二产业高出25.1个百分点。特别是交通运输、仓储及邮政业，水利、环境和公共设施管理业，教育三大行业的国有控股投资占绝对优势。另外，我国服务业充分就业的潜力还有待挖掘，服务业就业比重长期落后于增加值比重的格局尚未得到明显转变。

还有，服务业的供给能力和质量水平无法有效支撑产业转型和消费升级。一方面，生产性、流通性服务业发展水平偏低，传统低成本比较优势正在逐步弱化，新的比较优势有待培育发展；产业创新能力和核心竞争力不强[1]，部分知识和技术高度密集的服务供给严重依赖进口。另一方面，部分个人、社会服务业的发展还不适应居民需求变化，高品质、多样化、便利化的服务供给不足，进一步

---

[1] 参见十二届全国人大常委会第六次会议的《国务院关于〈中华人民共和国国民经济和社会发展第十二个五年规划纲要〉实施中期评估报告》，2013年12月25日。

凸显了服务供需之间的结构性矛盾。

(六)服务业劳动生产率显著低于第二产业,增幅明显放缓

劳动生产率水平是衡量增长质量和效益的重要指标。"十二五"期间,我国三次产业的劳动生产率持续提高。其中,第一产业劳动生产率由2010年的3794元/人(按1990年不变价计算,下同)上升到2014年的5397元/人;第二产业劳动生产率由2010年的37734元/人提高到2014年的48477元/人;服务业劳动生产率则由2010年的17907元/人增长到2014年的21147元/人。

值得注意的是,"十二五"期间我国服务业的劳动生产率水平仅相当于同期第二产业的46%左右,并且,服务业劳动生产率的年均增幅只有4.2%,低于第二产业劳动生产率6.5%的年均增幅。如果从更长时期来看,服务业劳动生产率的年均增速在1979—1990年为4.0%,1990—2000年小幅提高至4.2%,2000—2010年大幅攀升到8.0%,而"十二五"前四年并没有延续这一势头,出现了明显回落(见图4-4)。

(七)服务贸易逆差扩大,对外开放水平有待提高

"十二五"期间,我国服务贸易逆差持续扩大,逆差额由2010年的219亿美元猛增至2014年的1599亿美元。① 具体来看,

---

① 实际上,我国服务贸易自1995年以来已连续20年出现逆差。这其中既有经济发展带来的消费能力增强,加入WTO后扩大开放、增加进口的原因,同时也反映出我国服务贸易层次偏低、服务业整体竞争力不足的问题。

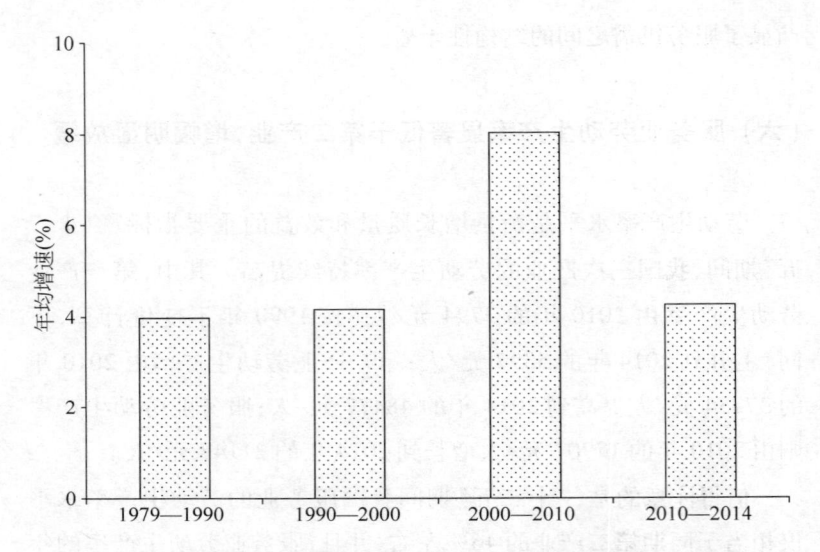

图 4-4　改革开放以来不同时期我国服务业劳动生产率的增长率
资料来源：根据《中国统计年鉴 2015》计算得到。

2014年旅游服务的逆差额达到1079亿美元，是2010年的近12倍，已成为目前我国服务贸易逆差的最大来源。运输服务的逆差额由2010年的290亿美元扩大到2014年的579亿美元，保险服务、专有权利使用费和特许费的逆差额也分别从2010年的140亿美元、122亿美元增加到2014年的179亿美元、220亿美元。另外，通信服务也由原来的小幅顺差转为2014年的逆差，逆差额为5亿美元。仅有咨询、建筑服务、计算机和信息服务、广告宣传及其他商业服务连续保持着贸易顺差（见表4-2）。

表 4-2　2010—2014 年我国服务贸易差额

(单位:亿美元)

类别	2010	2011	2012	2013	2014
运输服务	-290	-449	-470	-567	-579
旅游	-91	-241	-520	-769	-1079
通信服务	1	5	1	1	-5
建筑服务	94	110	86	68	105
保险服务	-140	-167	-173	-181	-179
金融服务	-1	1	0	-5	-9
计算机和信息服务	63	83	106	94	99
专有权利使用费和特许费	-122	-140	-167	-201	-220
咨询	77	98	134	169	166
广告、宣传	8	12	20	18	12
电影、音像	-2	-3	-4	-7	-7
其他商业服务	184	140	89	195	97

资料来源:商务部、国家外汇管理局。

在新兴市场国家当中,我国服务业开放处于中高水平,但与更高收入水平国家相比,我国服务业开放程度还有较大提升空间。根据 OECD 公布的服务贸易限制指数(Services Trade Restrictiveness Index)[①],我国服务贸易 18 个重点领域的得分均超过全部样本国家和 OECD 成员国的平均值,具体来看,建筑、工程等服务领域的限制相对较少,而在速递、广播、电信、金融等领域还存在较高的贸易

---

① OECD 服务贸易限制指数的值介于 0 和 1 之间,0 表示完全开放、1 代表完全封闭。计算这些数值是根据最惠国原则(不考虑优惠贸易协定),综合不同国家在对外资准入的限制、对人员流动的限制、竞争障碍、监管透明性、其他歧视性措施 5 个方面的信息计算得到的。2014 年 4 月,OECD 发布了最新的服务贸易限制指数,涵盖 34 个 OECD 成员国以及中国、巴西、印度、印度尼西亚、俄罗斯和南非 6 个新兴经济体总共 40 个国家,涉及 18 个服务贸易重点领域。

壁垒(见图4-5)。其中,广播在"对外资准入的限制"方面限制较多,而电信在"竞争障碍"方面限制程度较高。

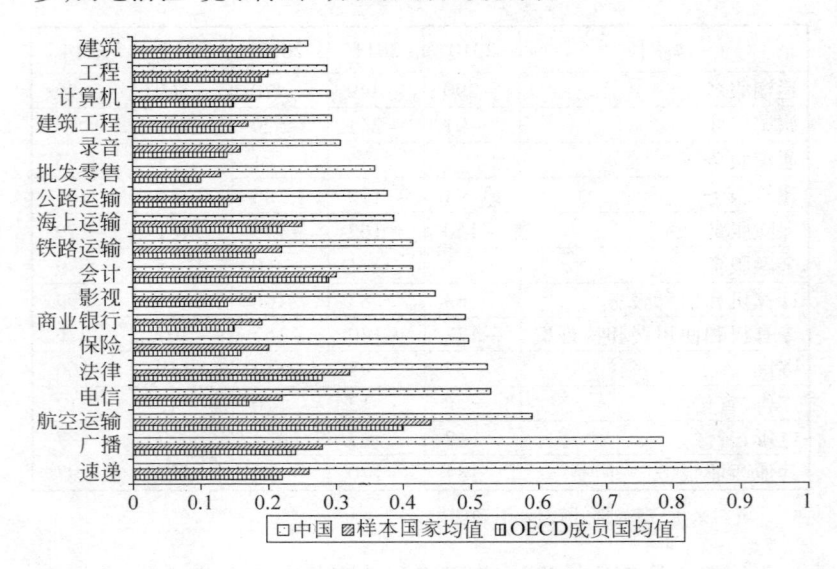

图4-5 主要服务行业服务贸易限制指数

资料来源:OECD服务贸易限制指数数据库。

二、"十三五"时期服务业发展的新背景与新要求

"十三五"时期,我国经济社会发展将面临一系列不同于以往的深刻调整,对于服务业发展而言,既是挑战也是机遇,既有压力也蕴藏着动力。

（一）新发展阶段对加快培育新增长点和形成新动力的内在要求

主动适应把握引领新常态，是"十三五"乃至更长时期我国经济发展的大逻辑。经济新常态不仅仅是经济增长速度的下台阶，更体现在经济发展方式、发展动力、经济结构的转型。也就是说，发展方式要从规模速度型的粗放增长转向质量效率型的集约增长，发展动力要从传统增长点转向新的增长点，经济结构要从增量扩能为主转向调整存量、做优增量并存的深度调整，从而实现速度下台阶的同时质量上台阶。

据预测，"十三五"时期我国人均 GDP 将由目前的 11000 国际元提高到 15000 国际元左右①，根据第二章的服务业发展水平与人均 GDP 的阶段性特征可知，未来五年我国服务业发展将会迎来加速发展期。可见，"十三五"时期大力发展服务业，有利于为经济增长提供新的动力，推动新常态下经济提质增效升级。

（二）基本实现工业化、推动制造业转型升级迫切需要服务业的有力支撑

"十三五"时期，我国将加快向工业化后期过渡，基本完成工业

---

① 预测值为国务院发展研究中心"中长期增长"课题组通过模型测算得到的结果。参见刘世锦主编：《中国经济增长十年展望（2015—2024）》，中信出版社 2015 年版，第 19—30 页。

化的历史任务。在这一过程中,实现工业由量的扩张到质的提升转变,推动"中国制造2025"战略,迫切需要提高制造业的附加值和竞争力,争夺全球价值链高端位置,而这一切都离不开服务业特别是生产性服务业的强有力支撑。

首先,随着工业内部不断分化,劳动密集型制造业、资源密集型重化工业的比重会持续下降,资本和技术密集型制造业比重将明显上升。这将对服务业需求结构产生重要影响,更加依赖商务服务、金融保险、技术研发等知识密集型生产性服务业。同时,小批量、多批次、差异化生产的趋势更为显著,也会对生产性服务业提出新的、更专业化的中间需求,从而推动形成以服务业为引领、服务业与制造业深度融合的发展新格局。

其次,在我国制造业低成本优势趋于弱化的情况下,必须尽快提升要素禀赋结构,形成新的更高层次的比较优势。这就需要大力发展研发、教育、金融、信息等服务业,依靠高水平的创新要素,为制造业转型升级、产业结构迈向中高端提供不竭动力。

另外,面对环境污染加重的严峻形势以及节能减排的国际承诺[①],还必须加快推动制造业绿色转型。而提高能源利用效率、建立绿色循环低碳的生产方式,都迫切需要进一步加快高技术、节能环保等服务业的发展。

---

① 2009年11月25日,时任国务院总理温家宝主持召开国务院常务会议,决定到2020年单位国内生产总值二氧化碳排放比2005年下降40%—45%,并将其作为约束性指标纳入国民经济和社会发展中长期规划。在当年12月18日丹麦哥本哈根召开的联合国气候变化大会领导人会议上,中国政府再次重申了这一减排承诺。

（三）新型城镇化快速推进将为服务业发展提供广阔空间

继2011年我国城镇化率突破50%之后，2014年城镇化率接近54.8%，比改革开放之初上升了近37个百分点。但是，我国城镇化发展质量不高，户籍人口城镇化率刚过36%，不仅远低于发达国家80%的平均水平，也低于人均收入与我国相近的发展中国家60%的平均水平，城镇化发展由速度型向质量型转变势在必行。为此，需要推进以人为核心的新型城镇化建设，改变以往片面追求城市规模扩大和空间扩张，更加重视公平共享、四化同步、集约高效、绿色低碳以及文化传承。

可以预见，到2020年，我国常住人口城镇化率将达到60%，户籍人口城镇化率为45%左右，约有1亿农业转移人口和其他常住人口落户城镇。这一方面将会增加城镇基础设施、住宅、公共服务设施等方面的大量投资需求，并加快创新要素集聚和知识传播扩散，对发展流通性、生产性以及社会服务业将起到重要作用；另一方面，也将创造更多就业机会和扩大中等收入群体，促进消费结构升级和消费潜力释放，从而有利于个人服务业的发展。另外，随着未来五年"两横三纵"城镇化战略格局的形成，城市群集聚经济、人口的能力将明显增强，城市规模结构更趋完善，大中小城市和小城镇将实现合理分工、协调发展。这些都有利于增强大城市生产性、流通性服务业的发展能级，并充分借助城市群内城市之间的经济联系，促进服务业网络化发展。

(四) 人口结构变化对服务业发展既有压力也是机遇

"十三五"时期,我国人口在继续保持低位增长的同时,结构性变化将更为显著。一方面,劳动年龄人口占比缓慢下降,老年人口比重加快上升。根据联合国的预测,到2020年,我国15—64岁年龄段人口仍有10亿以上,占总人口的70.1%,不过,与目前相比将净减少1056万人,占比也将下降2.3个百分点。与此同时,65岁以上的老龄人口将接近1.7亿人,占总人口的比重达到11.7%,比现在上升2.2个百分点,届时全球每不到4个老年人就有1个是中国人。另一方面,劳动力素质进一步提高。预计到2020年,我国主要劳动年龄人口和新增劳动力的平均受教育年限分别为11.2年、13.5年,比目前提高1.6年、0.8年;高等教育毛入学率达40%,具有高等教育文化程度人口为2亿左右,这一数量相当于现在世界人口第五大国的巴西。

人口的结构性变化,将从需求和供给两个方面对我国服务业的发展产生重大影响。其中,老龄化进程的加快,并伴随空巢家庭的增多,居民将更加重视生命和生活质量,从而对现有的服务内容及提供方式提出新的要求。值得注意的是,老年人群实际上处于不断变化中,"50后"低龄老年人相对而言具有一定消费能力,更容易接受新的消费方式,有利于催生新的社会化服务需求,带动服务业结构的调整升级。另外,在人口大国向人力资源强国转变的过程中,全社会将更加注重优先投资于人,有利于扩大中高端人力资源的规模,从而为我国服务业的扩量增质提供持续的智力支持。

（五）新一轮科技革命浪潮将为服务业创新发展奠定技术基础

随着新一轮科技革命的深入开展，科技创新呈现出学科交叉融合、边界日趋模糊、领域不断延伸的新趋势，原创成果转化及产业化应用的周期明显缩短，效率大幅提升。目前来看，无论是科技成果本身，还是所影响的生产生活，都在发生着一场未知远大于已知的变革。

一方面，新一轮科技革命将成为包括服务业在内的整个经济转型升级的驱动力量。新技术替代旧技术、智能型技术替代劳动密集型技术的趋势明显，特别是移动互联网、云计算、大数据、物联网等信息技术的广泛普及和深度应用，将成为推动经济社会发展的基础架构和标配。这些新技术以近乎零边际成本的方式生产并共享着商品和服务，不仅前所未有地重塑消费模式，还将颠覆传统产业的发展方式。在产业内部，互联网产业链将会进行更广泛的垂直整合；而在产业外部，互联网与传统产业的跨界融合将进一步加速。

另一方面，新一轮科技革命将使服务业分工继续深化，激发服务领域的持续创新。在服务内容、服务供给主体及提供方式等方面赋予新的内涵，将促使产业价值链分解出更多新的服务业态，商业模式、运作方式、管理方式上的更新迭代也将成为常态；与此同时，还会促进一大批新兴服务业的崛起和发展，带动服务业生产效率和竞争力的提升。

（六）培育国际竞争新优势、凸显中国影响力亟待弥补服务业短板

未来一段时间,经济全球化和区域经济一体化步伐将会加快,围绕人才、技术、品牌等知识性生产要素的争夺将更加激烈。我国长期依赖的比较优势,在国际分工和全球产业链中既会面临发达国家贸易保护主义的打压,同时也会被其他新兴市场国家所抹平。为应对这种"前后夹击"的双重挑战,就要加快培育形成国际竞争新优势,在体现资源配置实力和创新能力的服务业领域抢占发展制高点,赢得大国竞争中的战略主动。同时,随着各种标准更高的双边和区域贸易投资协定谈判的深入推进,需要我国实施更加积极的开放战略,完善互利共赢、多元平衡、安全高效的开放型经济体系,统筹服务业国内发展和对外开放,在扩大开放中壮大服务业实力,在服务业发展中提升开放水平,锻造经济的持续竞争优势。

此外,随着综合国力的增强,中国因素的全球影响将会更加凸显,中国的发展经验、文化和价值观也将受到更大关注。中国将成为决定国际形势走向的重要变量,有条件提高全球经济治理的制度性话语权,并担当建设性领导者。世界与中国的互动进入新阶段,相互适应需要迈上新台阶。这也需要全面提升我国服务业软实力,为"中国制造"走出去注入服务含量,为全方位、更深度参与全球治理贡献高质量的"中国方案",为提供与自身发展实力相符的全球公共服务奠定基础。

三、"十三五"时期服务业发展的思路和目标

基于未来一段时期国内外发展形势的研判,推动"十三五"服务业发展需要有更加清晰的思路和明确的目标。

(一)总体思路

"十三五"时期,立足经济新常态,我国服务业发展要以"创新、协调、绿色、开放、共享"发展理念为指导,以提升发展规模和效率为核心,加快服务业结构调整升级,形成以知识、技术密集型服务业为引领的现代服务业结构;以供给侧结构性改革为动力,着力消除制约服务业发展的深层次体制机制障碍,统筹协调服务业发展与服务贸易发展,建立科学规范、公开透明、运行有效、成熟定型的服务业发展制度体系;以大型城市服务业集聚发展为载体,提升城市服务功能、辐射能力并带动全国服务业发展,实现向服务业为主导的经济结构转型;以互联网+实体经济为导向,培育新兴服务行业和业态,推动我国服务业形成"市场化、产业化、社会化、国际化"的新格局。

针对不同类型的服务业,在发展思路上应各有侧重。

以提升生产率水平为重点,促进流通性服务业发展稳中提质。大力推动流通方式创新和产业融合发展,提高流通性服务业的信息化、智能化水平。培育和壮大各类流通主体,鼓励有实力的流通企业向平台服务商转型,围绕平台构建商流、物流、资金流、信息流

合一的生态圈,增强流通综合服务功能,降低流通成本和损耗,真正发挥流通的基础性和先导性作用。

以产业转型升级需求为导向,进一步提升生产性服务业发展水平和竞争能力。重点加强生产性服务业的技术创新、管理创新和商业模式创新等,紧扣产业价值链的核心环节,整合优化资源,努力向中高端延伸。同时,鼓励生产性服务领域的创业和中小企业快速成长,积极培育新兴业态,建立与国际接轨的专业化生产性服务业体系,推动服务业与农业、工业等在更高水平上的有机融合。

顺应居民消费结构升级和消费观念转变,促进个人服务业健康发展。针对居民日益增长的服务消费需要,进一步丰富服务内容、创新服务方式、增进服务体验,更好地满足居民多层次服务消费的便利性和个性化。另外,结合未来服务消费需求向节约节能、环保低碳发展的趋势,以创新创造新供给,进而激发新的市场需求。

在加大政府财政投入力度的同时,鼓励民间资本进入,实现社会服务业多元化稳步发展。推动社会服务领域公共服务与市场化服务并行发展,科学界定公共服务职能和公益性质。公共服务以公共财政作为支撑,以国有企业和事业单位为主导,不断提升服务质量,逐步实现基本公共服务均等化;市场化服务则要动员社会力量和民间资本广泛参与,培育新型市场主体和组织形式,增加服务有效供给。

（二）发展目标

根据"十三五"时期经济社会发展的阶段性特征，未来五年我国服务业发展的预期目标是：进一步促进服务业发展规模扩大、比重上升、水平提高，推动各类服务业全面发展，特别是巩固和提升生产性服务业在服务业以及整个经济中的地位，不断增强服务业发展对经济转型、民生改善与大国崛起的带动支撑作用。

具体来看，"十三五"时期我国服务业发展应努力实现以下目标：

到2020年，服务业增加值占GDP比重在57%左右，比"十二五"末(2015年)提高约6.5个百分点。

到2020年，生产性服务业增加值占GDP比重在22%以上，成为我国重要、稳定、具有较强竞争力的经济增长点；流通性服务业增加值占GDP比重大体保持在15.5%；个人服务业、社会服务业的增加值占GDP比重分别为4%和15.5%左右。

到2020年，服务业就业人数占全社会就业人数的比重较"十二五"末提高5个百分点以上，服务业吸纳就业创业的能力显著增强，从业人员素质明显提高。

到2020年，绝大多数省会及以上城市服务业增加值占GDP比重进一步提高，形成以服务业为主的产业结构，成为带动全国服务业发展的龙头。

到2020年，服务进出口总额突破1万亿美元；贸易结构明显优化，服务贸易占我国对外贸易总额和世界服务贸易总额的比重稳步上升。在多个领域，形成若干具备核心竞争力的服务业企业，提高国内服务对增加值贸易的贡献度。

到2020年,适应服务业扩量增质发展的体制机制得到完善,各项制度大体成熟定型,对内对外开放的广度和深度明显拓展,与国际接轨的市场化、法治化营商环境基本建立。

四、"十三五"时期推动服务业扩量增质发展的政策建议

未来五年,要从推进供给侧改革创新、完善政策支持体系、强化保障措施三方面入手,促进服务业发展扩量增质。

(一)推进服务业供给侧改革创新

第一,进一步放开服务业市场准入。在自由贸易试验区建设的基础上,加快复制和推广负面清单的准入管理模式,为各类服务业市场主体创造公开、平等、规范的准入制度。对现有的各类行政审批统一建章立制,将非行政许可事项全部"清零",进一步优化审批流程、缩短审批时限,降低制度性交易成本。在准入条件上,减少或降低经济性要求,完善环保、安全、技术等方面的要求,对专业性要求较高的审批事项,可转由行业协会或具有认证认可资质的机构审核。

第二,加快转变服务业监管方式。切实扭转以检代管、以罚代管的局面,着力促进监管方式和手段的改革创新。建立执法全过程记录制度,全面规范和监督自由裁量权。加强监管执法部门的信息共享和联合执法,避免多头执法、重复监管和一事多罚。加大

对服务业市场主体经营行为的监管,建立守信激励和失信惩戒机制。同时,强化社会化监管。充分发挥行业协会、征信机构、金融企业在资质审查、经营行为记录、信用评估等方面的作用,促进服务业市场主体自律诚信经营,形成规范有序的市场竞争格局。

第三,切实营造鼓励创新、宽容失败的体制环境。一方面,加大国家创投引导资金扶持力度,并更多向创新性服务业企业初创成长的"前端"倾斜,为创新尝试者、创业失败者提供最大保障,为大众创业、万众创新提供更多动力。另一方面,促进新兴服务行业和业态的知识产权保护与运用。建立统一的知识产权行政管理和执法体制,依法严厉打击各类侵权行为。鼓励和支持服务业市场主体健全技术资料与商业秘密管理制度,建立和完善知识产权交易市场,大力发展知识产权中介服务,不断增强服务业市场主体创造、运用、保护和管理知识产权的能力。加快数字版权保护技术的研发,大力推进服务内容、商业模式创新知识产权保护的制度化进程。

第四,着力培育和发展多样化的服务主体。鼓励和引导适合行业特性的服务主体加快发展。同时,深化服务领域的国有企业和事业单位改革,以有效竞争为目标导向,形成兼顾规模经济和竞争活力的市场格局。

第五,深化服务业综合改革试点。整合政策资源,以大型城市为抓手,突出制度上的改革创新,通过试点探索出一套适应服务业特别是新兴服务行业和业态发展的体制机制,形成能复制、可推广的有效经验。

（二）进一步完善服务业发展的政策体系

一是加大服务业人力资本投资。彻底扭转"重设备不重人"的政策导向，适应服务业企业"轻资产"的特点，推动资源要素向激励人才的方向倾斜。完善人才培养和激励机制，创新校企联合培养人才模式，大幅提高科研人员成果转化收益比例，支持科研人员在职和离岗创业，建立高校、科研院所与企业创新创业人才双向流动的长效机制。探索实施人才培训福利计划，鼓励应用型、技能型、复合型人才脱颖而出。积极吸引海外高层次服务业人才和创新科研团队，尽快完善引进人才在居留和出入境、落户、税收、医疗、保险等政策，加快高层次人才集聚。

二是完善有利于服务业扩量增质的税收政策。在全面完成"营改增"的基础上，适时简并增值税税率，增强税收中性，推动增值税立法，以法治手段巩固改革成果。优化服务贸易出口退税方式，适当扩大期末留抵退税政策和出口服务零税率的适用范围，提高我国服务贸易的竞争力。延长企业所得税税前弥补亏损的年限，加大企业在研发投入、职工培训、技术改造等方面的税收激励，进一步鼓励新兴服务行业和业态投资。

三是创新多样化的金融服务。在服务实体经济的同时，实现金融业的良性发展。鼓励商业银行按照风险可控、商业可持续原则，开发适合服务业特点的金融产品和服务。支持符合条件的服务业企业上市融资、发行债券。积极发展供应链融资、商业保理等融资方式，推动完善我国动产融资服务体系。

四是扩大服务业对内对外开放。实现对内开放是建立国际化

"国民待遇"的重要前提。为此,要加大力度清除隐形市场壁垒,打破地区、行业间的割据状态,鼓励各类服务要素自由流动。进一步优化服务贸易结构,适当扩大新兴生产性服务要素进口,充分发挥技术和知识溢出效应,改善服务业供给结构;借助自由贸易试验区打造更高层次的服务出口产业集群,为中国制造"走出去"提供服务支持。此外,借鉴国际上高水平自贸协定的经验,在互惠互利基础上推动我国与贸易伙伴国家之间的贸易投资自由化和便利化,提升国际服务业产业转移层次,鼓励更多有实力的服务业企业拓展海外市场。

五是进一步改善服务业基础设施。继续加强综合交通运输体系、城市公用服务设施等方面的建设力度,全面推进"三网融合"相关技术发展及应用,推进下一代互联网规模化商用,进一步提高城乡宽带网络普及水平和接入能力。同时,健全现代商品流通和物流服务体系,鼓励线上线下互动创新。

(三)强化服务业发展的保障措施

首先,构建公平共享、一视同仁的服务业发展环境。引入公平竞争机制,防止服务市场上的垄断行为,为消费者提供更多选择。对于新兴服务行业和业态,坚持促进发展和规范秩序并举,注重加强对安全标准、技术标准、服务标准制定,更好地引导服务创新、商业模式创新的市场化及产业化。大力运用互联网、大数据等技术手段,加快服务领域的诚信体系建设,以此加强市场监督和消费者权益保护。

其次,健全服务业和服务贸易统计制度。进一步研究和完善统计调查方法和指标体系,适时改进现行服务行业增加值的核算办法、基础数据采集方法以及服务业统计的组织实施。加强对服务业的经常性统计,提高统计数据质量。积极研究和参与国际贸易增加值统计改革。与此同时,健全服务业发展的监测体系,及时准确地反映服务业发展的最新动向和发展趋势。完善服务业主管部门、统计部门和主要行业协会的信息沟通机制,做好服务业发展的信息发布及预测预警。

另外,强化领导和统筹协调,加强政策落实与评估。服务业发展涉及领域多、差异大,改革创新任务重,因此需要各级政府高度重视,进一步健全服务业发展协调机制,形成部门协同和上下联动。定期对服务业相关改革措施及发展政策的落实情况展开评估,及时掌握服务业发展的进展和存在问题,切实推动相关政策落地。

第五章 我国服务业营业税制度的演进及税收收入的变化

1994年的税制改革奠定了我国现行税制的基本框架。囿于当时经济发展水平和税收征管条件,明确了对销售、进口货物及提供加工、修理修配劳务征收增值税,而对其他劳务、转让无形资产和销售不动产征收营业税,从而形成了增值税、营业税并行课征的格局。作为我国的第三大税种①,营业税收入保持了持续快速增长,特别是以房地产、金融业为代表的服务业营业税收入,对促进经济发展和财政增收发挥了重要作用。然而随着经济转向新常态,带有明显转轨特征、过渡性质的营业税制与服务业加快发展的形势和要求不相适应,导致税收中性效应不足、重复征税、税负加重等问题日益凸显,迫切需要进行服务业增值税改革。

一、服务业营业税制度的基本情况

通过1994年及此后20多年的税制改革,我国形成了以流转税和所得税为主体、其他辅助税种相配合的复合税制体系。具体包括:增值税、消费税、车辆购置税、营业税、关税、企业所得税、个人

---

① 1996—2000年,我国营业税收入曾短暂超过企业所得税收入,占税收总额的比重仅次于增值税。

所得税、土地增值税、房产税、城镇土地使用税、耕地占用税、契税、资源税、车船税、船舶吨税、印花税、城市维护建设税和烟叶税共计18个税种。① 其中,有一种比较特殊的流转税,它是以纳税人从事经营活动的营业额全额为征税对象,课税范围覆盖绝大部分的服务业,这就是营业税。②

(一) 营业税制度的改革历程

实际上,早在新中国成立之初,我国就实行过营业税制度。1950年,我国将固定工商业户应缴的营业税和所得税合称为工商业税。1958年,工商业税中的营业税与货物税、商品流通税、印花税四个税种合并为工商统一税。1973年,工商统一税及其附加又与城市房地产税、车船使用牌照税、盐税、屠宰税简并为工商税。尽管当时没有营业税的名称,但是以营业额为计税依据的征收方式一直存在。直到1984年实行第二步"利改税"时,原工商税"一分为四",即产品税、增值税、营业税和盐税,营业税又重新成为一个独立的税种。

1994年的分税制改革,对营业税制度做出重大改革,将提供应税劳务、转让无形资产、销售不动产纳入营业税征收范围,并制定出台了《中华人民共和国营业税暂行条例》(以下简称《营业税暂行条例》)。2008年,国务院又修订通过了新的《营业税暂行条例》,对营业税制度做了一些适应性调整(见表5-1)。

---

① 2014年,全国税收收入为119175.3亿元。其中,排在前列的税种分别是:国内增值税(30855.4亿元)、企业所得税(24642.2亿元)、营业税(17781.7亿元)、进口货物增值税及消费税(14425.3亿元)、国内消费税(8907.1亿元)、个人所得税(7376.6亿元),以上税收收入所占比重合计在87%以上。

② 法国最先于1791年出台了以"营业税"为正式名称的立法,将原实行的经营许可金改为营业税,按营业额多少加以征收。此后各国相继效仿。

第五章 我国服务业营业税制度的演进及税收收入的变化

表 5-1 我国《营业税暂行条例》修订前后的变化

内容	原 条 例	现 条 例
纳税人兼有不同税目应税行为	第三条 纳税人兼有不同税目应税行为的,应当分别核算不同税目的营业额、转让额、销售额;未分别核算营业额的,从高适用税率。	第三条 纳税人兼有不同税目的应当缴纳营业税的劳务、转让无形资产或者销售不动产,应当分别核算不同税目的营业额、转让额、销售额;未分别核算营业额的,从高适用税率。
差额征税规定	第五条 纳税人的营业额为纳税人提供应税劳务、转让无形资产或者销售不动产向对方收取的全部价款和价外费用;但是,下列情形除外: (一)运输企业自中华人民共和国境内运输旅客或者货物出境,在境外改由其他运输企业承运乘客或者货物的,以全程运费减去付给该承运企业的运费后的余额为营业额。 (二)旅游企业组织旅游团到中华人民共和国境外旅游,在境外改由其他旅游企业接团的,以全程旅游费减去付给该接团企业的旅游费后的余额为营业额。 (三)建筑业的总承包人将工程分包或者转包给他人的,以工程的全部承包额减去付给分包人或者转包人的价款后的余额为营业额。 (四)转贷业务,以贷款利息减去借款利息后的余额为营业额。 (五)外汇、有价证券、期货买卖业务,以卖出价减去买入价后的余额为营业额。 (六)财政部规定的其他情形。	第五条 纳税人的营业额为纳税人提供应税劳务、转让无形资产或者销售不动产收取的全部价款和价外费用。但是,下列情形除外: (一)纳税人将承揽的运输业务分给其他单位或者个人的,以其取得的全部价款和价外费用扣除其支付给其他单位或者个人的运输费用后的余额为营业额。 (二)纳税人从事旅游业务的,以其取得的全部价款和价外费用扣除替旅游者支付给其他单位或者个人的住宿费、餐费、交通费、旅游景点门票和支付给其他接团旅游企业的旅游费后的余额为营业额。 (三)纳税人将建筑工程分包给其他单位的,以其取得的全部价款和价外费用扣除其支付给其他单位的分包款后的余额为营业额。 (四)外汇、有价证券、期货等金融商品买卖业务,以卖出价减去买入价后的余额为营业额。 (五)国务院财政、税务主管部门规定的其他情形。

续表

内容	原条例	现条例
差额征税凭证要求		新增第六条 纳税人按照第五条规定扣除有关项目,取得的凭证不符合法律、行政法规或者国务院税务主管部门有关规定的,该项目金额不得扣除。
营业额核定		新增第七条 纳税人提供应税劳务、转让无形资产或者销售不动产的价格明显偏低并无正当理由的,由主管税务机关核定其营业额。
免征项目		新增第八条 (七)境内保险机构为出口货物提供的保险产品。
起征点	第八条 纳税人营业额未达到财政部规定的营业税起征点的,免征营业税。	第十条 纳税人营业额未达到国务院财政、税务主管部门规定的营业税起征点的,免征营业税;达到起征点的,全额计算缴纳营业税。
纳税义务发生时间	第九条 营业税的纳税义务发生时间,为纳税人收讫营业收入款项或者取得索取营业收入款项凭据的当天。	第十二条 营业税纳税义务发生时间为纳税人提供应税劳务、转让无形资产或者销售不动产并收讫营业收入款项或者取得索取营业收入款项凭据的当天。国务院财政、税务主管部门另有规定的,从其规定。营业税扣缴义务发生时间为纳税人营业税纳税义务发生的当天。

续表

内容	原条例	现条例
扣缴义务人	第十一条 营业税扣缴义务人： （一）委托金融机构发放贷款，以受托发放贷款的金融机构为扣缴义务人。 （二）建筑安装业务实行分包或者转包的，以总承包人为扣缴义务人。 （三）财政部规定的其他扣缴义务人。	第十一条 营业税扣缴义务人： （一）中华人民共和国境外的单位或者个人在境内提供应税劳务、转让无形资产或者销售不动产，在境内未设有经营机构的，以其境内代理人为扣缴义务人；在境内没有代理人的，以受让方或者购买方为扣缴义务人。 （二）国务院财政、税务主管部门规定的其他扣缴义务人。
纳税地点	第十二条 营业税纳税地点： （一）纳税人提供应税劳务，应当向应税劳务发生地主管税务机关申报纳税。纳税人从事运输业务，应当向其机构所在地主管税务机关申报纳税。 （二）纳税人转让土地使用权，应当向土地所在地主管税务机关申报纳税。纳税人转让其他无形资产，应当向其机构所在地主管税务机关申报纳税。 （三）纳税人销售不动产，应当向不动产所在地主管税务机关申报纳税。	第十四条 营业税纳税地点： （一）纳税人提供应税劳务应当向其机构所在地或者居住地的主管税务机关申报纳税。但是，纳税人提供的建筑业劳务以及国务院财政、税务主管部门规定的其他应税劳务，应当向应税劳务发生地的主管税务机关申报纳税。 （二）纳税人转让无形资产应当向其机构所在地或者居住地的主管税务机关申报纳税。但是，纳税人转让、出租土地使用权，应当向土地所在地的主管税务机关申报纳税。 （三）纳税人销售、出租不动产应当向不动产所在地的主管税务机关申报纳税。

续表

内容	原条例	现条例
纳税期限	第十三条 营业税的纳税期限,分别为五日、十日、十五日或者一个月。纳税人的具体纳税期限,由主管税务机关根据纳税人应纳税额的大小分别核定;不能按照固定期限纳税的,可以按次纳税。纳税人以一个月为一期纳税的,自期满之日起十日内申报纳税;以五日、十日或者十五日为一期纳税的,自期满之日起五日内预缴税款,于次月一日起十日内申报纳税并结清上月应纳税款。	第十五条 营业税的纳税期限分别为5日、10日、15日、1个月或者1个季度。纳税人的具体纳税期限,由主管税务机关根据纳税人应纳税额的大小分别核定;不能按照固定期限纳税的,可以按次纳税。纳税人以1个月或者1个季度为一个纳税期的,自期满之日起15日内申报纳税;以5日、10日或者15日为一个纳税期的,自期满之日起5日内预缴税款,于次月1日起15日内申报纳税并结清上月应纳税款。

资料来源:根据公开资料整理而成。

(二)现行营业税制度的主要内容

根据2008年修订的《营业税暂行条例》及相关规定,我国现行营业税制度的主要内容是:

第一,纳税人。在我国境内提供营业税应税劳务、转让无形资产或者销售不动产的企业、行政单位、事业单位、军事单位、社会团体、其他单位、个体工商户和其他个人,为营业税的纳税人。

第二,税目和税率。营业税按行业大类设计税目,共有交通运输业、建筑业、金融保险业、邮电通信业、文化体育业、娱乐业、服务业、转让无形资产和销售不动产9个税目(见表5-2)。同时,根据各行业利润水平的高低以及不同经营项目的性质和特点,按税目实行差别化的比例税率。而对同一大类的行业,采用同一税率,以利于公平竞争。

表 5-2 我国现行营业税税目、税率及征收范围

税目	税率	征收范围	税 目 注 释
一、交通运输业	3%	陆路运输、水路运输、航空运输、管道运输、装卸搬运	陆路运输:通过陆路(地上或地下)运送货物或旅客的运输业务,包括铁路运输、公路运输、缆车运输、索道运输及其他陆路运输。 水路运输:通过江、河、湖、川等天然、人工水道或海洋航道运送货物或旅客的运输业务。打捞,比照水路运输征税。 航空运输:通过空中航线运送货物或旅客的运输业务。通用航空业务、航空地面服务业务,比照航空运输征税。 管道运输:通过管道设施输送气体、液体、固体物资的运输业务。 装卸搬运:使用装卸搬运工具或人力、畜力将货物在运输工具之间、装卸现场之间或运输工具与装卸现场之间进行装卸和搬运的业务。
二、建筑业	3%	建筑、安装、修缮、装饰、其他工程作业	建筑:新建、改建、扩建各种建筑物、构筑物的工程作业,包括与建筑物相连的各种设备或支柱、操作平台的安装或装设工程作业,以及各种窑炉和金属结构工程作业在内。 安装:生产设备、动力设备、起重设备、运输设备、传动设备、医疗实验设备及其他各种设备的装配、安置工程作业,包括与设备相连的工作台、梯子、栏杆的装设工

续表

税目	税率	征收范围	税目注释
			程作业和被安装设备的绝缘、防腐、保温、油漆等工程作业在内。 修缮:对建筑物、构筑物进行修补、加固、养护、改善,使之恢复原来的使用价值或延长其使用期限的工程作业。 装饰:对建筑物、构筑物进行修饰,使之美观或具有特定用途的工程作业。 其他工程作业:上列工程作业以外的各种工程作业,如代办电信工程、水利工程、道路修建、疏浚、钻井(打井)、拆除建筑物或构筑物、平整土地、搭脚手架、爆破等工程作业。
三、金融保险业	5%	金融、保险	金融:经营货币资金融通活动的业务,包括贷款、融资租赁、金融商品转让、金融经纪业和其他金融业务。典当业的抵押贷款业务,无论其资金来源如何,均按自有资金贷款征税。人民银行的贷款业务,不征税。凡融资租赁,无论出租人是否将设备残值销售给承租人,均按本税目征税。存款或购入金融商品行为,不征收营业税。 保险:将通过契约形式集中起来的资金,用以补偿被保险人经济利益的业务。
四、邮电通信业	3%	邮政、电信	邮政:传递实物信息的业务,包括传递函件或包件、邮汇、报刊发行、邮务物品销售、邮政储蓄及其他邮政业务。 电信:用各种电传设备传输电信号来传递信息的业务,包括电报、电传、电话、电话机安装、电信物品销售及其他电信业务。

续表

税目	税率	征收范围	税目注释
五、文化体育业	3%	文化、体育	文化:经营文化活动的业务,包括表演、播映、其他文化业。经营游览场所的业务,比照文化业征税。广告的播映不按本税目征税。 体育:举办各种体育比赛和为体育比赛或体育活动提供场所的业务。以租赁方式为文化活动、体育比赛提供场所,不按本税目征税。
六、娱乐业	5%—20%	经营歌厅、舞厅、卡拉OK歌舞厅、音乐茶座、台球、高尔夫球、保龄球场、游艺场等娱乐场所,以及娱乐场所为顾客进行娱乐活动提供服务的业务	歌厅:在乐队的伴奏下顾客进行自娱自乐形式的演唱活动的场所。 舞厅:供顾客进行跳舞活动的场所。 卡拉OK歌舞厅:在音像设备播放的音乐伴奏下,顾客自娱自乐进行歌舞活动的场所。 音乐茶座:为顾客同时提供音乐欣赏和茶水、咖啡、酒及其他饮料消费的场所。 台球、高尔夫球、保龄球场:顾客进行台球、高尔夫球、保龄球活动的场所。 游艺:举办各种游艺、游乐(如射击、狩猎、跑马、玩游戏机等)活动的场所。 上列娱乐场所为顾客进行娱乐活动提供的饮食服务及其他各种服务,均属于本税目征收范围。
七、服务业	5%	代理业、旅店业、饮食业、旅游业、仓储业、租赁业、广告业、其他服务业	代理业:代委托人办理受托事项的业务,包括代购代销货物、代办进出口、介绍服务、其他代理服务。金融经纪业、邮政部门的报刊发行业务,不按本税目征税。 旅店业:提供住宿服务的业务。 饮食业:通过同时提供饮食和饮食场所的方式为顾客提供饮食消费服务的业务。

103

续表

税目	税率	征收范围	税目注释
七、服务业	5%	代理业、旅店业、饮食业、旅游业、仓储业、租赁业、广告业、其他服务业	饭馆、餐厅及其他饮食服务场所，为顾客在就餐的同时进行自娱自乐形式的歌舞活动所提供的服务，按"娱乐业"税目征税。 旅游业：为旅游者安排食宿、交通工具和提供导游等旅游服务的业务。 仓储业：利用仓库、货场或其他场所代客贮放、保管货物的业务。 租赁业：在约定的时间内将场地、房屋、物品、设备或设施等转让他人使用的业务。融资租赁，不按本税目征税。 广告业：利用图书、报纸、杂志、广播、电视、电影、幻灯、路牌、招贴、橱窗、霓虹灯、灯箱等形式为介绍商品、经营服务项目、文体节目或通告、声明等事项进行宣传和提供相关服务的业务。 其他服务业：上列业务以外的服务业务，如沐浴、理发、洗染、照相、美术、裱画、誊写、打字、镌刻、计算、测试、试验、化验、录音、录像、复印、晒图、设计、制图、测绘、勘探、打包、咨询等。航空勘探、钻井（打井）勘探、爆破勘探，不按本税目征税。

续表

税目	税率	征收范围	税目注释
八、转让无形资产	5%	转让土地使用权、转让商标权、转让专利权、转让非专利技术、转让著作权、转让商誉	转让土地使用权：土地使用者转让土地使用权的行为。土地所有者出让土地使用权和土地使用者将土地使用权归还给土地所有者的行为，不征收营业税。土地租赁，不按本税目征税。 转让商标权：转让商标的所有权或使用权的行为。 转让专利权：转让专利技术的所有权或使用权的行为。 转让非专利技术：转让非专利技术的所有权或使用权的行为。提供无所有权技术的行为，不按本税目征税。 转让著作权：转让著作的所有权或使用权的行为。 转让商誉：转让商誉的使用权的行为。 以无形资产投资入股，参与接受投资方的利润分配、共同承担投资风险的行为，不征收营业税。但转让该项股权，应按本税目征税。
九、销售不动产	5%	销售建筑物或构筑物、销售其他土地附着物	销售建筑物或构筑物：有偿转让建筑物或构筑物的所有权的行为。以转让有限产权或永久使用权方式销售建筑物，视同销售建筑物。 销售其他土地附着物：有偿转让其他土地附着物的所有权的行为。单位将不动产无偿赠予他人，视同销售不动产。在销售不动产时连同不动产所占土地的使用权一并转让的行为，比照销售不动产征税。以不动产投资入股，参与接受投资方利润分配、共同承担投资风险的行为，不征营业税。但转让该项股权，应按本税目征税。不动产租赁，不按本税目征税。

注：营业税征收范围为"营改增"之前的情况；娱乐业具体适用的税率由省级政府根据本地实际情况在规定的幅度内决定。

资料来源：根据公开资料整理而成。

第三，计税依据。营业税应纳税额＝营业额×税率。也就是说，按照营业额和规定的税率计算应纳税额。这里的营业额是指纳税人提供应税劳务、转让无形资产或者销售不动产收取的全部价款和价外费用。由于营业税的计税依据是营业额全额，很容易出现重复课征，为解决这一问题，在营业税中引入了"差额征税"办法。具体来看：一是纳税人将承揽的运输业务分给其他单位或者个人的，以其取得的全部价款和价外费用扣除其支付给其他单位或者个人的运输费用后的余额为计税营业额；二是纳税人从事旅游业务的，以其取得的全部价款和价外费用扣除替旅游者支付给其他单位或者个人的住宿费、餐费、交通费、旅游景点门票和支付给其他接团旅游企业的旅游费后的余额为计税营业额；三是纳税人将建筑工程分包给其他单位的，以其取得的全部价款和价外费用扣除其支付给其他单位的分包款后的余额为计税营业额；四是外汇、有价证券、期货等金融商品买卖业务，以卖出价扣除买入价后的余额为计税营业额；五是金融企业从事受托收款业务，以其受托收取的全部款项扣除支付给委托方的款项以后的余额为计税营业额；六是从事物业管理的单位，以其与物业管理有关的全部收入扣除代业主支付的水、电、燃气费用，代承租者支付的水、电、燃气费用和房租以后的余额为计税营业额；七是单位、个人销售其购置的不动产（个人购买不足2年的住房除外）和转让其受让的土地使用权，以其全部销售收入、转让收入扣除不动产购置原价、土地使用权受让原价以后的余额为计税营业额；八是国务院财政、税务主管部门规定的其他情形。

第四，税收优惠。现行营业税制度对一些项目免征营业税。包括：一是托儿所、幼儿园、养老院、残疾人福利机构提供的育养服务、婚姻介绍、殡葬服务;二是残疾人员个人提供的劳务;三是医院、诊所和其他医疗机构提供的医疗服务;四是学校和其他教育机构提供的教育劳务,学生勤工俭学提供的劳务;五是农业机耕、排灌、病虫害防治、植物保护、农牧保险以及相关技术培训业务,家禽、牲畜、水生动物的配种和疾病防治;六是纪念馆、博物馆、文化馆、文物保护单位管理机构、美术馆、展览馆、书画院、图书馆举办文化活动的门票收入,宗教场所举办文化、宗教活动的门票收入;七是境内保险机构为出口货物提供的保险产品;八是保险公司开办的一年期及其以上返还本利的人寿保险和养老年金保险,以及一年期及其以上的健康保险取得的保费收入;九是将土地使用权转让给农业生产者用于农业生产的;十是纳入财政预算管理或者财政专户管理的行政事业性收费和基金;十一是专项国债转贷和国家助学贷款利息;十二是个人销售自建自用的住房和购买2年以上的普通住房,企业、事业单位和国家机关按照房改成本价、标准价出售住房等。

第五,起征点。营业税起征点的适用范围限于个人。现行营业税制度的规定是:按期纳税的,为月营业额5000—20000元;按次纳税的,为每次(日)营业额300—500元。[①] 纳税人营业额未达到营业税起征点的,免征营业税;达到起征点的,全额计算缴纳营业税。

第六,收入划分和征管权限。铁道部门、各银行总行、各保险总公司等集中交纳的营业税属于中央固定收入,除此之外的其他

[①] 《关于修改〈中华人民共和国增值税暂行条例实施细则〉和〈中华人民共和国营业税暂行条例实施细则〉的决定》,财政部令第65号,2011年10月28日。

营业税收入属于地方固定收入。中央税由中央税务机构负责征收,地方税由地方税务机构负责征收。① 需要说明的是,铁道部(后为中国铁路总公司)作为中央铁路运营业务的纳税人,自 2012 年开始,由其集中缴纳的铁路运输企业营业税(不含铁路建设基金营业税)由中央收入调整为地方收入,集中缴纳的铁路建设基金营业税仍作为中央收入。②

(三)营业税与增值税两税并征的原因

虽然营业税与增值税同属流转税,但这两个税种的计税依据和征税范围有很大不同。营业税一般是以纳税人应税行为所取得的全部营业额、转让额、销售额为计税依据,而增值税是以纳税人生产经营活动产生的增值额为计税依据,采取环环征收、道道抵扣的征收方式,纳税人购买增值税应税项目时缴纳的增值税可以在销售应税项目时全额抵扣,只需对本环节的增加值缴纳增值税。按照我国现行税制安排,纳税人提供应税劳务、转让无形资产或者销售不动产的,应当缴纳营业税;而纳税人销售货物或者提供加工、修理修配劳务以及进口货物的,应当缴纳增值税(见图 5-1)。

我国增值税与营业税在各自划定的征收范围分别课征,有着复杂的历史背景。第一,财政收入稳定增长的保障。在工业化快速发展过程中,首先要解决的是为制造业发展创造有利的税务环

---

① 《国务院关于实行分税制财政管理体制的决定》,国发〔1993〕85 号,1993 年 12 月 15 日。
② 《财政部 国家税务总局 中国人民银行关于调整铁路运输企业税收收入划分办法的通知》,财预〔2012〕383 号,2012 年 9 月 7 日。

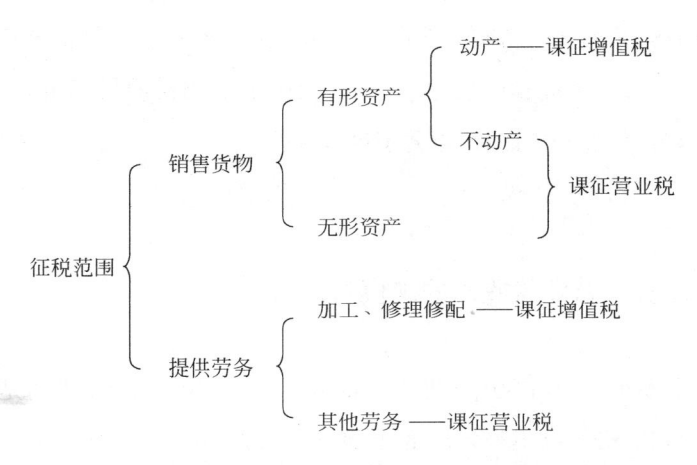

```
                    ┌─ 动产 ── 课征增值税
        ┌─ 有形资产 ┤
        │           └─ 不动产 ┐
┌─ 销售货物 ┤                 ├─ 课征营业税
│       │                      │
│       └─ 无形资产 ────────────┘
征税范围 ┤
│       ┌─ 加工、修理修配 ── 课征增值税
└─ 提供劳务 ┤
        └─ 其他劳务 ── 课征营业税
```

图 5-1 我国营业税和增值税征收范围

注：营业税征收范围为"营改增"之前的情况。

资料来源：根据公开资料整理而成。

境。为此，我国自 20 世纪 80 年代逐渐引入了增值税制度，直到 1994 年分税制改革才建立起覆盖所有货物的增值税制度，并且将具有较高销售货物比例的加工、修理修配劳务也纳入增值税征收范围。而其他服务行业如果同时引入增值税制度，难以获得大规模、稳定的财政收入，影响公共服务领域的发展。第二，经济发展水平和专业化分工程度的局限。如前所述，服务业的持续快速发展及其在经济结构中占据越来越重要的地位，是建立在工业化高度发达和较高经济发展水平基础上的。而在工业化前半阶段，经济发展水平有限、社会分工专业化不够，许多服务活动还未从制造业中剥离出来独立发展，制造业与服务业之间因增值税抵扣链条断裂所引发的重复征税问题并不突出。第三，税收征管水平的限制。服务业涵盖的行业种类多、"异质性"强，对服务业征收增值税需要有一系列征管基础条件作为支撑。由于过去的增值税稽核制度不完善,加之税收信息化水平低,相比于增值税的凭票抵扣,营业税在各环节全额征收,更便于税额计算。

二、服务业营业税收入的规模与结构

十多年来,我国服务业营业税收入规模不断扩张,特别是江苏、广东等服务业集聚发展的东部省市营业税总额远高于中西部地区。房地产、金融业是我国贡献营业税收入最重要的两个行业,相比于金融业而言,房地产业由于对内对外开放程度更高,在不同所有制主体上缴的营业税收入中都高居首位,并已成为地方政府最为依赖的主要税源。

(一) 服务业营业税收入快速增长,占营业税总额的比重超过73%

进入21世纪以来,我国服务业营业税收入呈现快速增长态势。2013年,服务业实现营业税收入12712.1亿元,比2000年的1529.4亿元增长了7.3倍多,年均增幅达到17.7%(见图5-2)。服务业营业税收入之所以保持了较长时期的快速增长,主要得益于:一是服务业发展明显提速。这一时期服务业增加值年均增长10.6%,高于同期GDP增速0.6个百分点,服务业增加值占GDP

比重由2000年的39.8%上升到2013年的46.9%。二是城市化进程中消费结构不断升级。住房需求的持续释放有效带动了不动产销售、建筑安装、金融保险等行业发展，促进了营业税收入的大幅增长。三是营业税产生的重复征税客观上增大了税源。在市场分工逐步细化、产业链条不断延伸的过程中，营业税应税劳务所面临的多次征税问题也日渐凸显。以知识产权转让为例，技术越成熟、转让频率越高，重复课征就越严重，由此带来的营业税收入增长也越快。

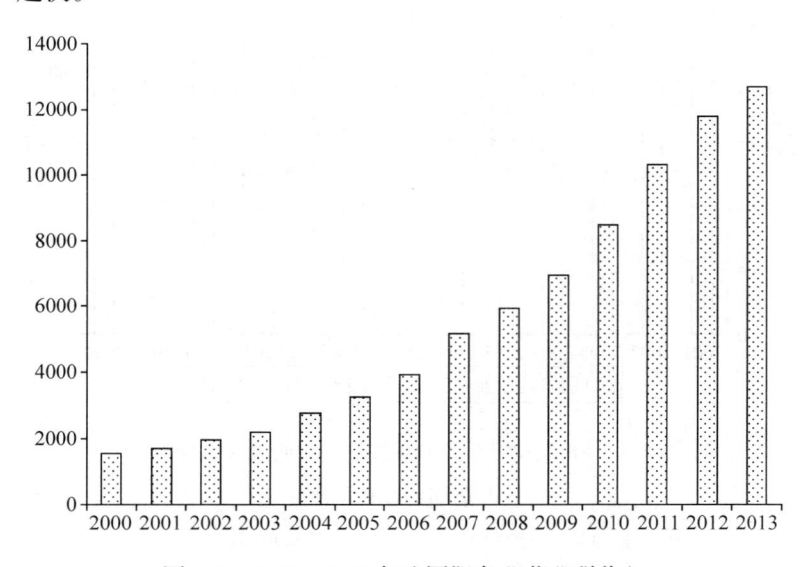

图5-2　2000—2013年我国服务业营业税收入

资料来源：根据相关年份的《中国税务年鉴》整理而成。

这一时期，我国服务业营业税收入增速的波动较大。其中，2004年、2006和2007年、2010和2011年的增速较高，均在21%以上；而近两年的增速则显著回落，2013年仅有7.8%，为进入21世纪以来的最低增幅。另外,相比于建筑业而言,服务业是营业税收入的"大头",占全部营业税总额的73%以上。不过,该比重近年来也出现缓慢降低趋势,由2001年的80.6%波动回落到2011年的75.6%,受部分服务行业"营改增"的影响,2013年进一步下滑至73.7%(见图5-3)。

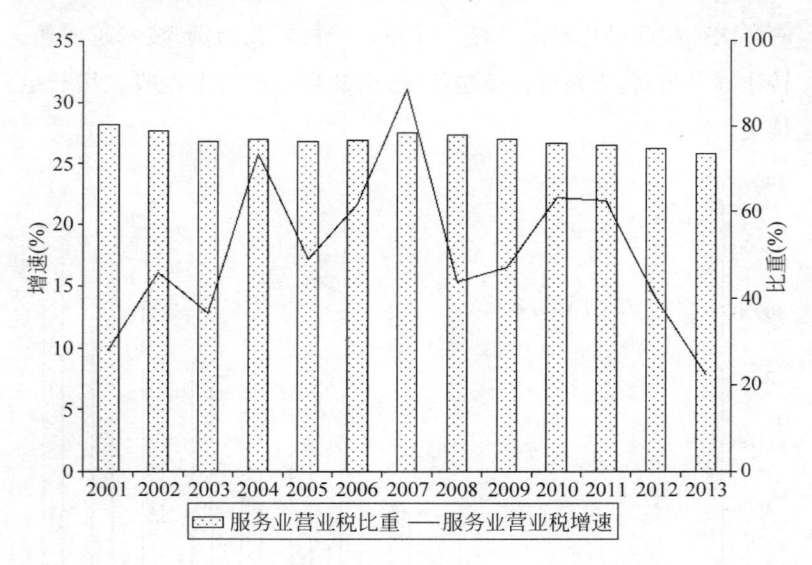

图5-3 2001—2013年我国服务业营业税收入增速及其占全部营业税的比重

资料来源:根据相关年份的《中国税务年鉴》计算整理而成。

(二)房地产、金融业营业税收入快速增长,合计占服务业营业税总额一半以上

在各个服务行业中,我国房地产业的营业税收入总额最高,由

2005年的996.9亿元增长到2013年的5173.7亿元;金融业的营业税收入自2007年开始超过租赁和商务服务业上升到第二位,2013年达到3171.3亿元。从增长速度来看,2005—2013年,我国金融业营业税收入保持了年均24.4%的增速,位列所有服务行业之首;其次是房地产业,营业税收入年均递增22.9%。这两个行业的年均增长率分别高于整个服务业营业税收入增速5.8和4.3个百分点。同时,住宿和餐饮业,信息传输、软件和信息技术服务业的营业税收入年均增长率也都在10%以上。受到率先"营改增"试点等因素影响,2013年租赁和商务服务业,交通运输、仓储及邮政业的营业税收入规模有所降低,使得这两个行业2005—2013年期间的年均增长率相对较低(见图5-4)。

另外,我国金融业营业税收入占比由2005年的17.0%快速攀升到2008年的23.4%,之后受国际金融危机的冲击,略有回落,2013年又反弹至24.9%。与此相类似,房地产业营业税收入占比由2005年的30.7%波动上升到2013年的40.7%。而租赁和商务服务业,交通运输、仓储及邮政业的营业税收入占比呈快速下滑趋势,分别由2005年的21.7%和12.8%下降到2011年的10.3%和9.3%,2013年又进一步回落到7.7%和5.1%。在此期间,住宿和餐饮业,信息传输、软件和信息技术服务业,文化、体育和娱乐业的营业税收入占比也有不同程度的降低;教育、卫生和社会工作,公共管理、社会保障和社会组织,批发和零售业的营业税收入占比则基本稳定(见图5-5)。

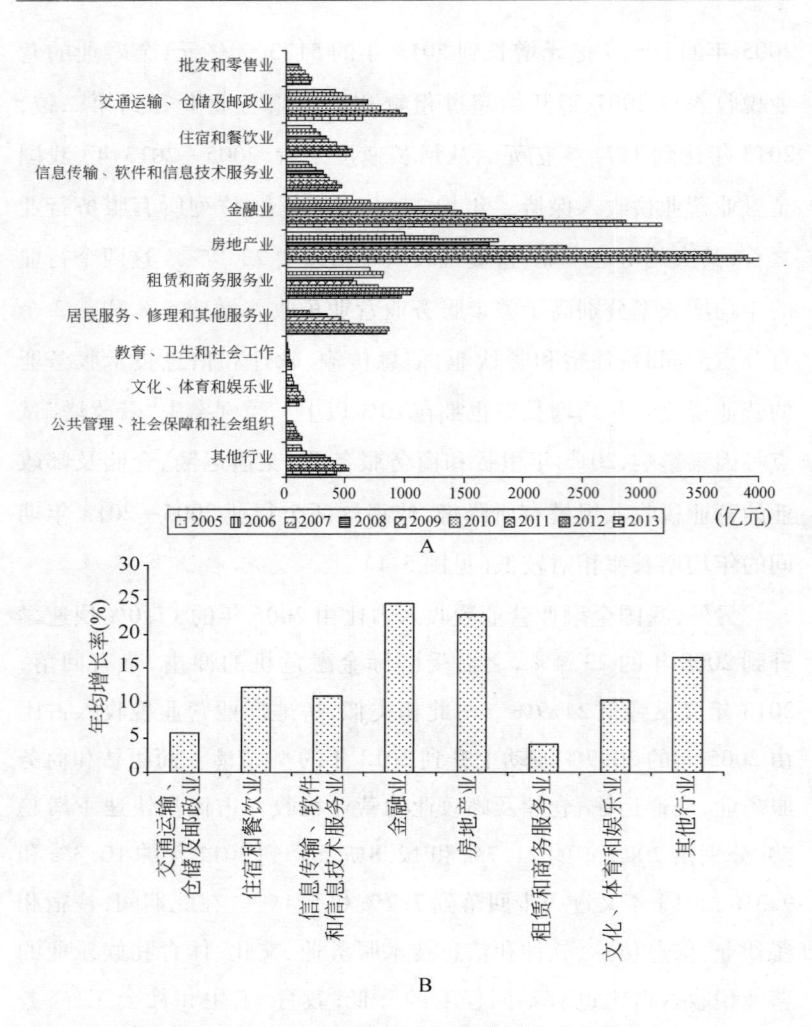

图 5-4 2005—2013 年我国各服务行业营业税收入

资料来源：根据相关年份的《中国税务年鉴》计算整理而成。

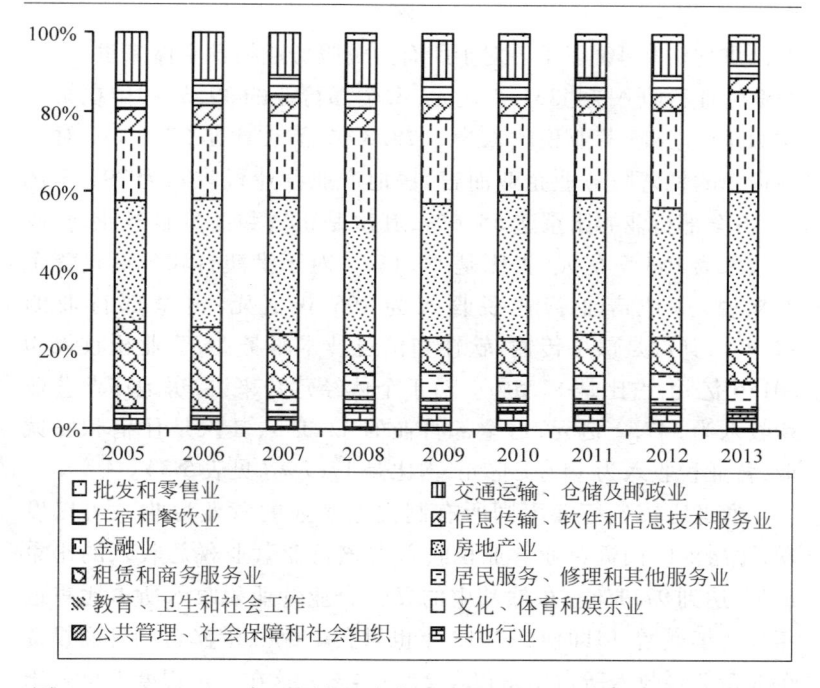

图 5-5　2005—2013 年我国各服务行业营业税收入占整个服务业的比重
资料来源：根据相关年份的《中国税务年鉴》计算整理而成。

（三）不同所有制主体的营业税收入占比与服务业性质、开放程度相关

2013 年，我国内资服务业企业缴纳的营业税为 11031.7 亿元，其中私营服务业企业上缴 1426.7 亿元；港澳台和外商投资服务业企业缴纳的营业税为 1154.6 亿元；服务业个体经营户上缴的营业税为 805.0 亿元。分行业来看，无论何种所有制类型的服务业经营主体，上缴营业税最多的都是房地产业；而由于卫生和社会工作以及教育行业的公益性质，其营业税收入占各类所有制市场主体

的比重均在0.4%以下。对于所有内资服务业经营主体来讲,房地产业营业税收入为4331.4亿元,占全部行业的39.3%,排在第二位的是金融业,营业税收入为3078.3亿元,占比是27.9%。对于内资中的私营服务业企业而言,房地产业营业税收入为793.3亿元,占全部行业的比重达55.6%,其次是租赁和商务服务业,营业税收入为158.7亿元,占比是11.1%。对于港澳台和外商投资企业来说,房地产业营业税收入为495.0亿元,占全部行业的42.9%,其次是信息传输、软件和信息技术服务业,营业税收入为201.6亿元,占比是17.5%。对于个体经营户来讲,房地产业营业税收入为347.2亿元,占全部行业的43.1%,其次是住宿和餐饮业,营业税收入为142.1亿元,占比是17.7%(见表5-3)。

通过比较各行业不同所有制类型企业的营业税收入可以发现,金融业的内资企业营业税收入占该行业营业税总收入的比重最高,达到97.1%。虽然其中的私营企业营业税收入所占比重近年来持续递增,但即使到2013年也只有0.6%;港澳台和外商投资企业营业税收入所占比重仅在2%—4%。这在一定程度上反映出当前我国金融业对内和对外开放程度还不是很高(见图5-6)。

表5-3　2013年我国各服务行业不同所有制类型企业缴纳的营业税

(单位:亿元)

行业	内资企业	私营企业	港澳台和外商投资企业	个体经营
交通运输、仓储及邮政业	563.3	58.4	38.8	43.9
住宿和餐饮业	311.5	102.5	89.7	142.1
信息传输、软件和信息技术服务业	228.2	24.3	201.6	1.1
金融业	3078.3	18.4	91.6	1.3
房地产业	4331.4	793.3	495.0	347.2
租赁和商务服务业	855.2	158.7	80.9	38.6

续表

行业	内资企业	私营企业	港澳台和外商投资企业	个体经营
科学研究和技术服务业	207.4	28.8	7.0	1.6
居民服务、修理和其他服务业	672.6	109.9	36.2	139.4
教育	39.2	3.6	1.7	0.7
卫生和社会工作	5.4	0.4	0.1	1.3
文化、体育和娱乐业	85.0	15.4	7.4	10.5
其他行业	654.2	113.0	104.6	77.3

资料来源:《中国税务年鉴2014》。

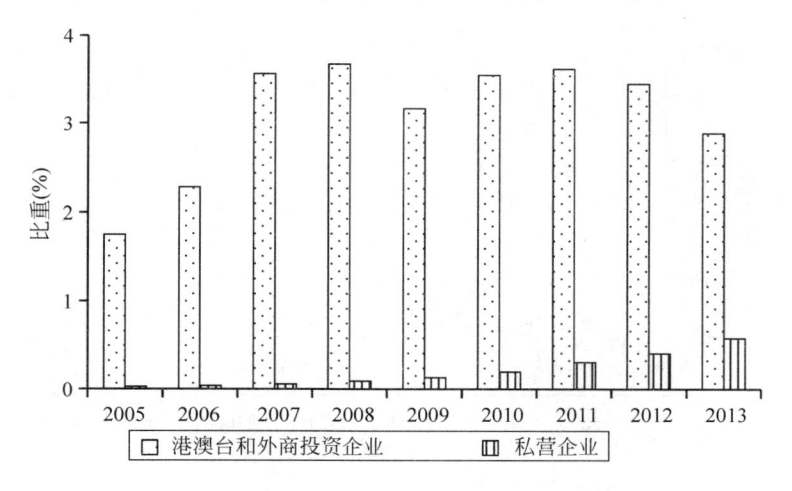

图 5-6　2005—2013 年我国金融业不同所有制类型企业营业税收入的比重

资料来源:根据相关年份的《中国税务年鉴》计算整理而成。

(四) 东部发达地区营业税规模大,苏粤鲁浙京沪六地占全国 46% 左右

随着区域经济结构的加快调整和城市化水平的不断提高,我

国服务业出现了向东部沿海地区①集聚发展的趋势,服务业增加值规模与营业税收入总额②呈显著的正向关系(见图5-7)。2014年,我国东部地区的营业税收入总额达到9915.9亿元,占全国的比重为56.0%。在东部10省市当中,江苏的营业税收入总额高达2084.7亿元,位居全国之首。另外5个上千亿的地区分别是广东、山东、浙江、北京和上海,营业税收入总额分别为1730.9亿元、1135.9亿元、1086.6亿元、1068.6亿元和1001.9亿元(见图5-8),上述6个省市的营业税收入合计占到全国的45.8%。

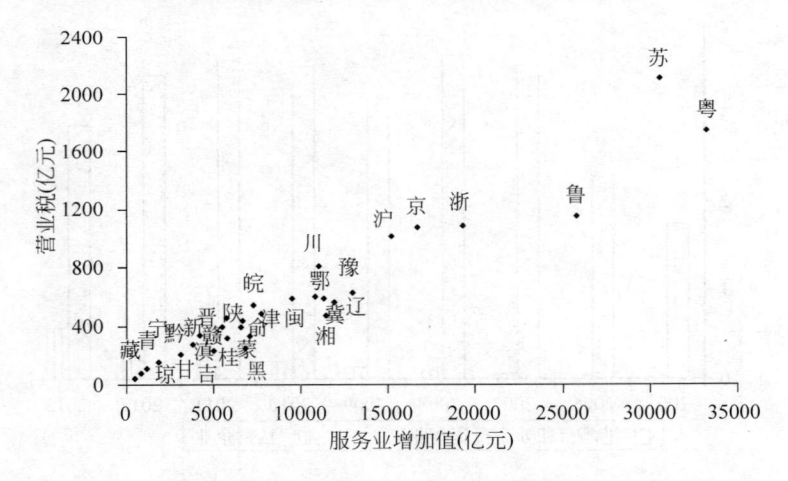

图 5-7　2014 年我国各地区服务业增加值与营业税收入的关系

资料来源:《中国统计年鉴 2015》。

---

① 东部地区是指北京、天津、河北、上海、江苏、浙江、福建、山东、广东和海南10省市。

② 受统计数据的限制,无法获得各地区服务业营业税的相关数据,在此以营业税收入总额作为替代。根据前文分析,服务业营业税收入占全部营业税收入总额的大部分份额,因此,对结论的影响较小。

图 5-8　2014 年我国各地区营业税收入总额

注：南海诸岛未显示在图中。

资料来源：《中国统计年鉴 2015》。

（五）服务业营业税绝大多数归地方支配，地税征收的行业分布更为分散

随着服务业规模的不断扩大，再加上 1994 年分税制财政体制改革把主要来自服务业的营业税划为地方税收的主体税种，服务业提供的税收逐渐成为地方财政收入的主要来源。从服务业营业税征管权限来看，交通运输、仓储及邮政业的营业税收入有 22.6% 由国税系统征收，属于中央税；77.4% 则由地税系统征收，属于地方税。其他服务行业营业税收入的 98% 以上是由地税系统负责征收，归属于地方政府支配（见图 5-9）。

在国税系统当中，服务业营业税收入主要集中在交通运输、仓储及邮政业,2013年,该行业国税营业税收入占全部服务行业国税营业税收入的64.2%,其次是金融业,占比为27.6%,两个行业合计达91.8%。从地税系统来看,房地产业地税营业税收入占全部服务行业入库营业税收入的41.4%,是地方政府最为依赖的主要税源;其次是金融业,占比为24.9%;另外,租赁和商务服务业,居民服务、修理和其他服务业,住宿和餐饮业的地税营业税收入也都居于前列,占比分别为7.8%、6.8%和4.3%(见图5-10)。

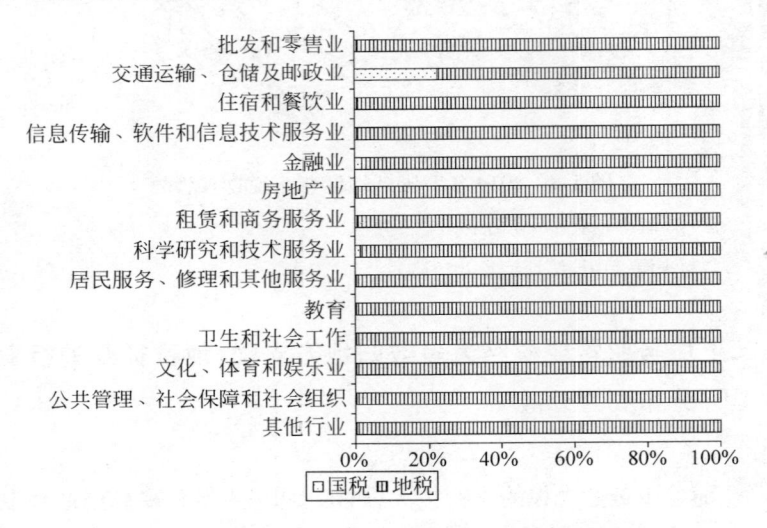

图5-9　2013年我国各服务行业营业税收入的国地税划分

资料来源:《中国税务年鉴2014》。

三、现行服务业营业税制度的主要问题

我国现行服务业流转税制存在着诸多问题亟待解决,根源在

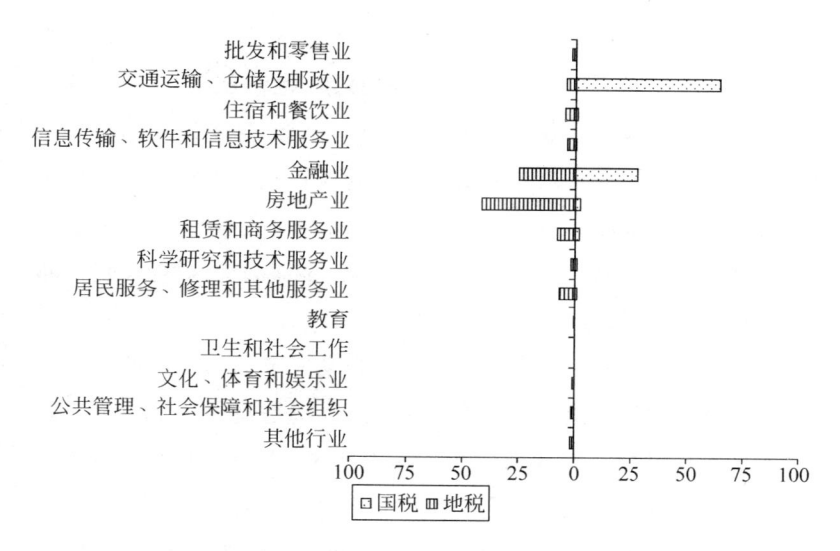

图 5-10 2013 年我国按国税、地税划分的各服务行业营业税收入构成

资料来源：《中国税务年鉴 2014》。

于目前实行的是局部型的增值税制度，抵扣链条不完整，不利于服务业快速发展和结构升级。

（一）税收中性效应不足

税收中性[①]是税制设计的基本原则，然而由于我国增值税和营业税两税并征，使得税收整体中性效应不足。

---

① 亚当·斯密在《国富论》中系统阐述了以税收中性为特征的"赋税四原则"。一是平等(Equality)，要求所有国民都应根据其纳税能力按比例交纳税赋；二是确定(Certainty)，要求税收的课征不能任意变更；三是便利(Covenience of payment)，要求税赋交纳的时间和方法应最大限度地便利纳税人；四是经济(Economy in collection)，要求征收的成本应降到最低。

第一,服务业市场主体无法享受公平的税收待遇。税收中性首先体现在建立公平公正的税收制度环境,也就是说,对所有纳税能力相同的纳税人税负应该是相同的。然而,营业税与增值税的并存格局却无法满足这一要求。由于营业税制不能按照阶段性征税的特点设计征税环节,无论服务业纳税人的成本费用如何,都必须按照同一税率对营业税全额课征税收,这对于相同行业但成本费用构成存在差异的经营主体有失公平。

第二,对服务业主体的市场行为造成一定的扭曲。税收中性要求政府课税导致的效率损失最小化,也就是流转税的存在不应该影响市场机制正常发挥作用。而现实中,服务业营业税制常常给市场主体的决策带来一定的扭曲。在各个行业结成的产业关联中,增值税抵扣链条在第二产业与服务业之间很不完整,无法实现无缝衔接。分情况看:在采矿业,制造业,电力、热力、燃气及水生产和供应业,批发和零售业中,目前实行的是增值税制度,如果所需的中间投入也来自这些行业,那么中间投入部门可以开具增值税发票,中间使用部门获得增值税发票后,采购成本就可以进入抵扣链条;而若需要的中间投入来自建筑业,交通运输、仓储及邮政业,住宿和餐饮业,金融业,房地产业以及其他行业,由于这些行业普遍是营业税纳税人,在现行税制下无法开具增值税发票,那么在购买这些行业提供的服务时,所付成本就无法抵扣,导致增值税链条断裂。在建筑业,交通运输、仓储及邮政业,住宿和餐饮业,金融业,房地产业以及其他行业中,如果需要的中间投入也来自这些行业,那么因双方都是营业税纳税人,不会产生抵扣需要;而若所需的中间投入来自于采矿业,制造业,电力、热力、燃气及水生产和供应业,批发和零售业,那么中间投入部门即使开具了增值税发票,中间使用部门也无法进行进项抵扣(见图5-11)。

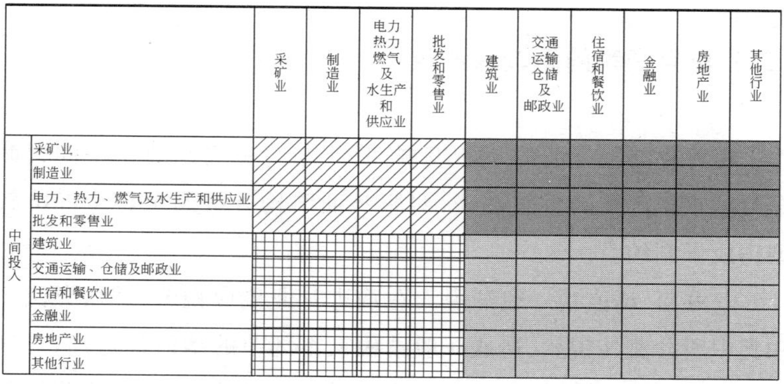

	采矿业	制造业	电力热力燃气及水生产和供应业	批发和零售业	建筑业	交通运输仓储及邮政业	住宿和餐饮业	金融业	房地产业	其他行业
中间投入 采矿业										
制造业										
电力、热力、燃气及水生产和供应业										
批发和零售业										
建筑业										
交通运输、仓储及邮政业										
住宿和餐饮业										
金融业										
房地产业										
其他行业										

图 5-11　我国现行税制下行业间增值税抵扣链条

注：▨ 表示抵扣链条通畅，▦ 表示抵扣链条断裂,无法取得增值税发票，■ 表示抵扣链条断裂,取得的增值税发票无法抵扣，▢ 表示抵扣链条断裂,无抵扣需要。

正是由于在服务业与第二产业部门之间无法形成完整的增值税抵扣链条,很大程度上诱使大量服务活动在第二产业内部化,无法剥离出来,同时也抑制了很多新兴服务业的发展壮大。

第三,区别待遇和税收歧视不利于服务贸易的发展。如果将经济活动范围延伸至国际市场,税收中性同样适用于国际贸易领域,最直观的体现是"目的地征税"原则。也就是说,对货物与劳务的流转税课税应该在购买货物与劳务的最终消费地征税。根据这一原则,服务的出口国应该实行增值税零税率或免税政策。而我国目前很多服务业征收的是营业税,服务贸易商无法在服务出口时享受退免税,从而导致进入国际市场的服务是含税的,削弱了价格竞争力,不利于扩大服务出口和缩小贸易逆差。

(二) 重复征税问题较为严重

随着我国服务业的不断发展,货物与劳务之间适用不同税制导致越来越严重的重复征税,对服务业结构升级乃至整个经济转型构成了制约。

一方面,增值税一般纳税人在购进营业税应税劳务时,无法抵扣其中所含流转税款,造成一般纳税人本环节的增值额过高,过度承担税负。另一方面,营业税纳税人在购买与销售两个环节均无法抵扣上游产业已经缴纳的增值税或者营业税,造成较为严重的重复征税。而且,在服务业内部,对生产性服务业的影响远大于生活性服务业。营业税纳税人无法获得增值税专用发票,那么即使其上游厂商是增值税一般纳税人,也无法抵扣进项税款。当然,为了缓解这一问题,现行营业税制设置了若干差额征税规定,但总体而言,仅凭这些零碎的规定还无法从根本上解决营业税制带来的重复征税问题。

延伸到国际贸易领域,还存在货物贸易出口退税不彻底、服务贸易无法出口退税的问题。由于货物的生产制造过程也依赖于生产性服务要素的投入,这部分成本可能由于营业税的存在无法得到抵扣。而在出口环节,我国国内价值流转过程中所征收的增值税税率和出口环节的退税率之间存在一定的差别,后者往往会低于前者,从而导致退税不足。对服务贸易发展而言,大部分属于营业税应税劳务,无法享受出口退税政策,并且附加值越大的服务,所面临的营业税负担越高,重复征税越严重。

（三）营业税税负水平波动升高

仅从税负的绝对水平上看，我国服务业的营业税税负较之于第二产业的增值税税负要低。以"营改增"试点全国推开前的2012年为例，我国服务业营业税税负为4.9%，低于第二产业8.4%的增值税税负水平。但并不能由此判定服务业的营业税负担更轻。从税收原理来看，产业链各个环节的增值税税负可通过价格机制以价外税的形式最终转嫁给消费者，因此，增值税税负并不是增值税纳税人的真实负担；而营业税则不同，其税负会很大程度上由纳税人承担。

从服务业自身来看，2000年以来，我国服务业的营业税税负波动上行，由2000年的3.8%逐步升高到2012年的4.9%，此后受"营改增"的影响，税负略有回落，2013年为4.6%（见图5-12）。

分行业来看，交通运输、仓储及邮政业的营业税税负自2005年以来呈小幅上行态势，而"营改增"试点之后明显回落，2013年仅有2.4%，远低于整个服务业的营业税税负。租赁和商务服务业的营业税税负由2005年的22.5%波动下降到2012年的9.7%。另外，住宿和餐饮业，信息传输、软件和信息技术服务业，金融业的营业税税负在过去几年也略有减轻。而教育，公共管理、社会保障和社会组织因其特殊的行业性质，营业税税负水平很低，且较为稳定。值得注意的是，房地产业，居民服务、修理和其他服务业的营业税税负出现明显上升。特别是房地产业的营业税税负2013年达到15.5%，居各服务行业之首（见表5-4）。

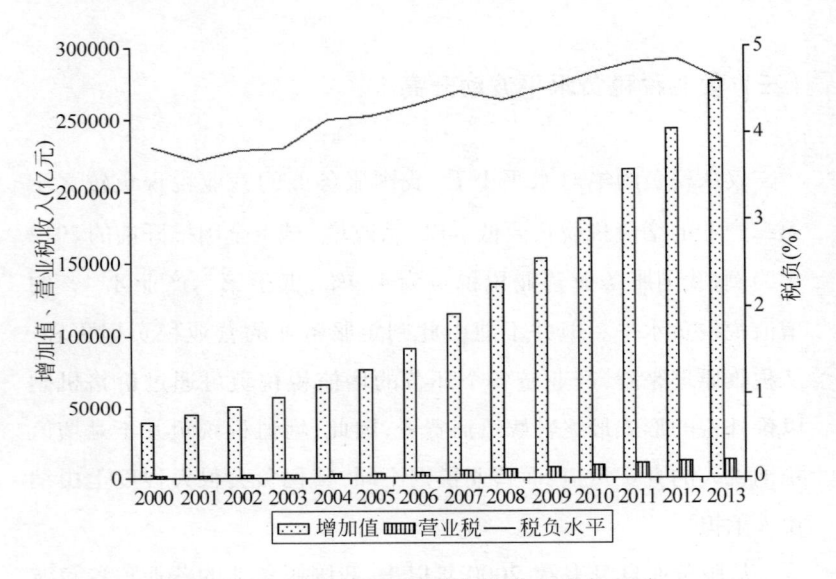

图 5-12　2000—2013 年我国服务业税负水平

资料来源：根据相关年份的《中国统计年鉴》、《中国税务年鉴》计算整理而成。

表 5-4　2005—2013 年我国各服务行业营业税税负

（％）

行业	2005	2006	2007	2008	2009	2010	2011	2012	2013
交通运输、仓储及邮政业	3.9	3.9	3.8	4.2	4.0	4.2	4.3	4.1	2.4
住宿和餐饮业	5.1	5.1	5.1	5.0	5.0	5.2	5.6	5.4	4.7
信息传输、软件和信息技术服务业	3.8	3.8	3.7	3.9	4.1	4.1	4.4	4.3	—
金融业	9.1	8.7	8.6	9.4	8.3	8.0	8.7	10.0	9.5
房地产业	11.7	12.4	13.0	11.7	12.7	13.6	13.4	13.3	15.5
租赁和商务服务业	22.5	21.6	17.3	10.2	9.6	10.0	11.3	9.7	—
居民服务、修理和其他服务业	—	—	4.8	7.4	8.7	9.0	10.8	—	

续表

行业	2005	2006	2007	2008	2009	2010	2011	2012	2013
教育	—	—	0.1	0.2	0.2	0.2	0.2	0.2	—
文化、体育和娱乐业	3.9	4.0	3.9	5.0	4.5	4.8	4.8	4.4	—
公共管理、社会保障和社会组织	—	—	—	—	0.4	0.4	0.5	0.5	0.5

资料来源：根据相关年份的《中国统计年鉴》、《中国第三产业统计年鉴》、《中国税务年鉴》计算整理而成。

（四）存在一定的税收征管问题

一方面，现行服务业营业税制度设有一定数量的税收优惠，部分企业在申请享受税收优惠政策时，存在弄虚作假的行为。另外，在企业业务多元化发展的过程中，混合销售、兼营行为不断增加，导致税基难以严格区分，无形中增加了税务机关的审核成本。

另一方面，"以票控税"的营业税征管模式也带来诸多问题。通过发票这一主要凭证作为税收征管的切入点来监管纳税人实际经营活动，并使其及时、足额缴纳税款的模式，已经越来越行不通。随着经济不断发展和相关税收政策的调整，发票与纳税的关系已逐渐分离，两者在金额或逻辑关系上出现越来越多不对应、不一致的情况。例如，营业税差额征税规定引起的"开票金额大于计税金额"；营业税对某些行业计税依据的特别规定导致的"开票金额小于计税金额"；一些营业税非应税项目出现的"开票但不纳税"；税收政策与发票管理制度缺乏衔接造成的"票与税逻辑上的不一致"等。

第六章 我国服务业增值税改革的进展与面临的问题

"营改增"是我国继 2009 年增值税实现由生产型向消费型转变①之后,货物劳务税收制度的又一次重大改革。"营改增"最核心的意义在于使增值税在社会各行业间连接成完整的抵扣网络,为服务业与制造业提供平等使用生产要素、公平参与市场竞争的税制环境,更好地发挥市场配置资源的决定性作用,加快服务业扩量增质发展。自 2012 年试点正式拉开帷幕以来,改革成效好于预期,这不仅得益于减税效应对市场主体的激励,还体现在增值税的分工深化效应对发展方式的引导。当然,"营改增"试点过程中也暴露了诸多问题,其中,既有技术层面的难题,也有体制层面的障碍;有的问题随着试点扩围有所消除,还有的问题则受制于其他方面的配套改革,亟须通过更深层次的制度变革加以解决。

一、增值税改革试点的进展情况

"营改增"涉及范围广,利益调整复杂,有必要通过先行试点来

---

① 这次增值税转型最核心的是:允许全国范围所有增值税一般纳税人抵扣其新购进设备所含的进项税额,未抵扣完的进项税额可结转下期继续抵扣。另外,改革内容还包括将小规模纳税人征收率统一调低至 3%、将矿产品增值税税率恢复到 17% 等。

保证改革顺利推进。试点启动以来,"营改增"大体经历了部分行业部分地区试点以及部分行业全国范围试点两大阶段。

(一) 增值税改革试点先易后难、稳步扩围

2011年11月16日,财政部、国家税务总局联合印发《营业税改征增值税试点方案》,明确提出"营改增"试点的指导思想和基本原则、改革试点的范围与时间、主要税制安排、过渡性政策等,并指出"试点地区先在交通运输业、部分现代服务业等生产性服务业开展试点,逐步推广至其他行业"(见表6-1)。

2012年1月1日,上海市作为首个试点地区,率先启动"营改增"改革。在试点范围里,交通运输业包括陆路运输服务(不含铁路运输服务)、水路运输服务、航空运输服务和管道运输服务;部分现代服务业分别是研发和技术服务、信息技术服务、文化创意服务、物流辅助服务、有形动产租赁服务、鉴证咨询服务6个行业。

表6-1 我国营业税改征增值税试点方案

类别	具体内容
指导思想和基本原则	指导思想: 建立健全有利于科学发展的税收制度,促进经济结构调整,支持现代服务业发展。 基本原则: 1. 统筹设计、分步实施。正确处理改革、发展、稳定的关系,统筹兼顾经济社会发展要求,结合全面推行改革需要和当前实际,科学设计,稳步推进。 2. 规范税制、合理负担。在保证增值税规范运行的前提下,根据财政承受能力和不同行业发展特点,合理设置税制要素,改革试点行业总体税负不增加或略有下降,基本消除重复征税。 3. 全面协调、平稳过渡。妥善处理试点前后增值税与营业税政策的衔接、试点纳税人与非试点纳税人税制的协调,建立健全适应第三产业发展的增值税管理体系,确保改革试点有序运行。

续表

类别	具 体 内 容
改革试点的主要内容	**范围与时间：** 1. 试点地区。综合考虑服务业发展状况、财政承受能力、征管基础条件等因素，先期选择经济辐射效应明显、改革示范作用较强的地区开展试点。 2. 试点行业。试点地区先在交通运输业、部分现代服务业等生产性服务业开展试点，逐步推广至其他行业。条件成熟时，可选择部分行业在全国范围内进行全行业试点。 3. 试点时间。2012年1月1日开始试点，并根据情况及时完善方案，择机扩大试点范围。
	主要税制安排： 1. 税率。在现行增值税17%标准税率和13%低税率基础上，新增11%和6%两档低税率。租赁有形动产等适用17%税率，交通运输业、建筑业等适用11%税率，其他部分现代服务业适用6%税率。 2. 计税方式。交通运输业、建筑业、邮电通信业、现代服务业、文化体育业、销售不动产和转让无形资产，原则上适用增值税一般计税方法。金融保险业和生活性服务业，原则上适用增值税简易计税方法。 3. 计税依据。纳税人计税依据原则上为发生应税交易取得的全部收入。对一些存在大量代收转付或代垫资金的行业，其代收代垫金额可予以合理扣除。 4. 服务贸易进出口。服务贸易进口在国内环节征收增值税，出口实行零税率或免税制度。
	过渡性政策安排： 1. 税收收入归属。试点期间保持现行财政体制基本稳定，原归属试点地区的营业税收入，改征增值税后收入仍归属试点地区，税款分别入库。因试点产生的财政减收，按现行财政体制由中央和地方分别负担。 2. 税收优惠政策过渡。国家给予试点行业的原营业税优惠政策可以延续，但对于通过改革能够解决重复征税问题的，予以取消。试点期间针对具体情况采取适当的过渡政策。 3. 跨地区税种协调。试点纳税人以机构所在地作为增值税纳税地点，其在异地缴纳的营业税，允许在计算缴纳增值税时抵减。非试点纳税人在试点地区从事经营活动的，继续按照现行营业税有关规定申报缴纳营业税。 4. 增值税抵扣政策的衔接。现有增值税纳税人向试点纳税人购买服务取得的增值税专用发票，可按现行规定抵扣进项税额。

续表

类别	具体内容
组织实施	1. 财政部和国家税务总局根据本方案制定具体实施办法、相关政策和预算管理及缴库规定，做好政策宣传和解释工作。经国务院同意，选择确定试点地区和行业。 2. 营业税改征的增值税，由国家税务局负责征管。国家税务总局负责制定改革试点的征管办法，扩展增值税管理信息系统和税收征管信息系统，设计并统一印制货物运输业增值税专用发票，全面做好相关征管准备和实施工作。

资料来源：财政部、国家税务总局。

总体上讲，"营改增"先在与生产流通、制造业发展密切联系的交通运输业和部分现代服务业试点，遵循了先易后难的原则。一方面，这些行业的营业税收入不多、占比不大[①]，易于达成改革共识。同时，运输费用属于现行增值税进项税额抵扣范围，已纳入增值税管理体系，改革基础较好。而对财务核算相对复杂，且分支机构层次多、分布广的铁路运输服务，暂未将其纳入。另一方面，服务业是上海经济发展的重要支柱，对周边地区乃至全国的辐射作用明显，服务业增加值占 GDP 比重在各省区市中位列第二，仅次于北京，在上海试点能够较充分地反映改革对服务业发展的影响情况。还有就是，上海税务的单一征管组织模式可以避免因改革带来的税源与征管的协调问题。可见，这样的方案设计，有利于减轻试点难度和阻力，为全面实施改革积累经验。

上海开始"营改增"试点以后，许多省市也纷纷争取加入试点行列。2012 年 7 月，国务院批准将交通运输业和部分现代服务业"营改增"试点范围由上海市分批扩大到北京、江苏、安徽、福建、广

---

① 从全国来看，试点行业 2011 年的营业税收入只占到全部服务业营业税收入的 15% 左右，约为营业税收入总额的 11%。

东、天津、浙江、湖北8个省市。这次试点扩围涵盖的地域范围包括华北、华东、华中和华南地区,涉及的经济区域包括京津、长三角、珠三角、海峡西岸和长江中游经济区。分批试点省市2011年服务业增加值达到106947亿元,占全国的比重超过一半。这些地区服务业发展基础好、辐射带动力强,同时也是服务业税制束缚明显、改革要求迫切的区域(见图6-1)。

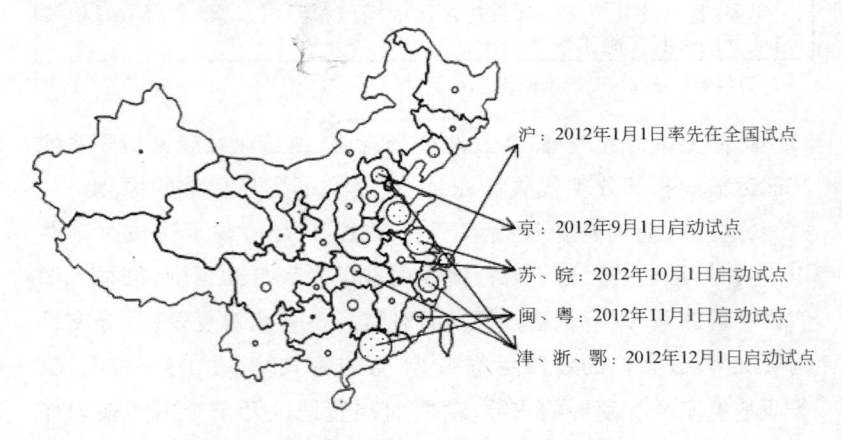

沪:2012年1月1日率先在全国试点
京:2012年9月1日启动试点
苏、皖:2012年10月1日启动试点
闽、粤:2012年11月1日启动试点
津、浙、鄂:2012年12月1日启动试点

图6-1 2012年我国"营改增"试点扩围的进展

注:气泡面积代表2011年各省区市的服务业增加值;南海诸岛未显示在图中。
资料来源:根据《中国统计年鉴2012》及其他公开资料整理而成。

经过一年多的探索实践,2013年8月1日起,交通运输业和部分现代服务业的"营改增"试点扩大到全国其余22个省区市;同时,广播影视服务也被纳入试点,并在全国推开。这次区域和行业的"双扩围"是"营改增"取得阶段性成效并稳步推进的关键步骤,标志着试点提速步入快车道。

2014年1月1日起,"营改增"再次扩围,铁路运输服务、邮政服务业被纳入试点范围,至此交通运输业已全部实现新旧税制的转换。同年6月1日起,电信业也开始改征增值税(见表6-2)。截

表 6-2 "营改增"后应税服务范围注释(截至 2015 年 6 月)

试点行业	注　释
交通运输业（是指使用运输工具将货物或者旅客送达目的地，使其空间位置得到转移的业务活动。包括陆路运输服务、水路运输服务、航空运输服务和管道运输服务）	（一）陆路运输服务——通过陆路（地上或者地下）运送货物或者旅客的运输业务活动。 铁路运输服务：通过铁路运送货物或者旅客的运输业务活动。 其他陆路运输服务：铁路运输以外的陆路运输业务活动。包括公路运输、缆车运输、索道运输、地铁运输、城市轻轨运输等。 出租车公司向使用本公司自有出租车的出租车司机收取的管理费用，按陆路运输服务征收增值税。 （二）水路运输服务——通过江、河、湖、川等天然、人工水道或者海洋航道运送货物或者旅客的运输业务活动。 远洋运输的程租、期租业务，属于水路运输服务。程租业务是指远洋运输企业为租船人完成某一特定航次的运输任务并收取租赁费用的业务。期租业务是指远洋运输企业将配备有操作人员的船舶承租给他人使用一定期限，承租期内听候承租方调遣，不论是否经营，均按水路运输方式取得租赁收入，发生的固定费用均由船东负担的业务。 （三）航空运输服务——通过空中航线运送货物或者旅客的运输业务活动。 航空运输的湿租业务，属于航空运输服务。湿租业务是指航空运输企业将配备有机组人员的飞机承租给他人使用一定期限，承租期内听候承租方调遣，按一定标准向承租方收取租赁费用，发生的固定费用均由承租方承担的业务。 航天运输服务，按照航空运输服务征收增值税。航天运输服务是指利用火箭等载体将卫星、空间探测器等空间飞行器发射到空间轨道的业务活动。 （四）管道运输服务——通过管道设施输送气体、液体、固体物质的运输业务活动。
邮政业（是指中国邮政集团公司及其所属邮政企业提供邮件寄递、邮政汇兑、机要通信和邮政特殊服务等邮政基本服务的业务活动。包括邮政普通服务、邮政特殊服务和其他邮政服务）	（一）邮政普通服务——函件、包裹等邮件寄递，以及邮票发行、报刊发行和邮政汇兑等业务活动。 函件：信函、印刷品、邮资封片卡、无名址函件和邮政小包等。 包裹：按照封装上的名址递送给特定个人或者单位的独立封装的物品，其重量不超过五十千克，任何一边的尺寸不超过一百五十厘米，长、宽、高合计不超过三百厘米。 （二）邮政特殊服务——义务兵平常信函、机要通信、盲人读物和革命烈士遗物的寄递等业务活动。 （三）其他邮政服务——邮册等邮品销售、邮政代理等业务活动。

续表

试点行业	注　释
电信业（是指利用有线、无线的电磁系统或者光电系统等各种通信网络资源，提供语音通话服务，传送、发射、接收或者应用图像、短信等电子数据和信息的业务活动。包括基础电信服务和增值电信服务）	（一）基础电信服务——利用固网、移动网、卫星、互联网，提供语音通话服务的业务活动，以及出租或者出售带宽、波长等网络元素的业务活动。 （二）增值电信服务——利用固网、移动网、卫星、互联网、有线电视网络，提供短信和彩信服务、电子数据和信息的传输及应用服务、互联网接入服务等业务的业务活动。卫星电视信号落地转接服务，按照增值电信服务缴纳增值税。
部分现代服务业（是指围绕制造业、文化产业、现代物流产业等提供技术性、知识性服务的业务活动，包括研发和技术服务、信息技术服务、文化创意服务、物流辅助服务、有形动产租赁服务、鉴证咨询服务、广播影视服务）	（一）研发和技术服务 研发服务：就新技术、新产品、新工艺或者新材料及其系统进行研究与试验开发的业务活动。 技术转让服务：转让专利或者非专利技术的所有权或者使用权的业务活动。 技术咨询服务：对特定技术项目提供可行性论证、技术预测、专题技术调查、分析评价报告和专业知识等业务活动。 合同能源管理服务：节能服务公司与用能单位以契约形式约定节能目标，节能服务公司提供必要的服务，用能单位以节能效果支付节能服务公司投入及其合理报酬的业务活动。 工程勘察勘探服务：在采矿、工程施工前后，对地形、地质构造、地下资源蕴藏情况进行实地调查的业务活动。 （二）信息技术服务——利用计算机、通信网络等技术对信息进行生产、收集、处理、加工、存储、运输、检索利用，并提供信息服务的业务活动。 软件服务：提供软件开发服务、软件咨询服务、软件维护服务、软件测试服务的业务行为。 电路设计及测试服务：提供集成电路和电子电路产品设计、测试及相关技术支持服务的业务行为。 信息系统服务：提供信息系统集成、网络管理、桌面管理与维护、信息系统应用、基础信息技术管理平台整合、信息技术基础设施管理、数据中心、托管中心、安全服务中心等信息技术管理服务和信息系统增值服务的网络运营服务。包括网站对非自有信息技术资源进行运营维护、出租或经营管理的服务。 业务流程管理服务：依托计算机信息技术提供的人力资源管理、财务经济管理、审计管理、税务管理、金融支付服务、内部数据分析、内部数据挖掘、内部数据管理、内部数据使用、呼叫中心和电子商务平台等服务的业务活动。

续表

试点行业	注释
（三）文化创意服务	设计服务：把计划、规划、设想通过视觉、文字等形式传递出来的业务活动。包括工业设计、造型设计、服装设计、环境设计、平面设计、包装设计、动漫设计、网游设计、展示设计、广告设计、创意策划、文印晒图等。 商标和著作权转让服务：转让商标、著作权、知识产权的业务活动。 知识产权服务：处理知识产权事务的业务活动。包括对专利、商标、著作权、软件、集成电路布图设计的代理、登记、鉴定、评估、认证、咨询、检索服务。 广告服务：利用图书、报纸、杂志、广播、电视、电影、幻灯、路牌、招贴、橱窗、霓虹灯、灯箱、互联网等各种形式为客户的商品、经营服务项目、文体节目或者通告、声明等事项进行宣传和提供相关服务的业务活动。包括广告代理和广告的发布、播映、宣传、展示等。 会议展览服务：为商品流通、促销、展示、经贸洽谈、民间交流、企业沟通、国际往来等举办或者组织安排的各类展览和会议的业务活动。
（四）物流辅助服务	航空服务：包括航空地面服务和通用航空服务。 航空地面服务是指航空公司、飞机场、民航管理局、航站等向在境内航行或者在境内机场停留的境内外飞行器提供的导航等劳务性地面服务的业务活动。包括旅客安全检查服务、停机坪管理服务、机场地勤服务、飞机清洗消毒服务、空中飞行管理服务、飞机起降服务、飞行通信服务、地面信号服务、飞机安全服务、飞机跑道管理服务、空中交通管理服务、航空勘探、航空测量、航空培训、航空吊挂播撒、航空护林等。 通用航空服务是指为专业工作飞行提供飞行服务的业务活动。包括航空摄影、航空培训、航空勘探、航空测量、航空科学实验、航空吊挂播撒、航空护林等。 港口码头服务：港务船舶调度服务、船舶通信服务、航道管理服务、航道疏浚服务、航标管理服务、航标灯服务、船只专用设施清保费按照"港口码头引航服务、理货服务、系解缆服务、停泊和移泊服务、海上船舶溢油清除服务、水上交通管理服务、船只专用设施按取的港口码头服务"征收增值税。 货运客运站场服务：货运客运站场提供的货物配载服务、中转换乘服务、票务服务、货物打包整理、铁路线路使用服务、加挂铁路客车服务、铁路行包专列发送服务、铁路到达和中转服务、铁路车辆编解编服务、车辆挂运服务、铁路接触网服务、铁路救助服务、车辆停放服务等业务活动。 打捞救助服务：提供船舶人员救助、船舶财产救助、水上救助和沉船沉物打捞服务。 货物运输代理服务：接受货物收货人、发货人、船舶所有人、船舶经营人或船承租人的委托，以委托人的名义或者以自己的名义，在不直接提供货物运输服务的情况下，为委托人办理货物运输、船舶进出港口、联系安排引航、靠泊、装卸服务和办理单证、报关、报验、结算运杂费等相关业务的业务活动。

续表

试点行业	注 释
部分现代服务业	等货物和船舶代理相关业务手续的业务活动。 代理报关服务：接受进出口货物收、发货人委托，代办理报关手续的业务活动。 仓储服务：利用仓库、货场或者其他场所代客贮放、保管货物的业务活动。 装卸搬运服务：使用装卸搬运工具或人力、畜力将货物在运输工具与装卸现场之间、装卸现场之间或者运输工具与装卸现场之间进行装卸和搬运的业务活动。 收派服务：接受寄件人委托，在承诺的时限内完成函件和包裹的收件、分拣、派送服务的业务活动。收件服务是指从寄件人收取函件和包裹，并运送到同城或异地收件人的分拣中心的业务活动。分拣服务是指收派服务提供方在其集散中心对函件和包裹进行归类、分发的业务活动。派送服务是指收派服务提供方从其集散中心将函件和包裹送达同城的收件人的业务活动。 （五）有形动产租赁服务 有形动产租赁，包括有形动产融资租赁和有形动产经营性租赁。 有形动产融资租赁：具有融资性质和所有权转移特点的有形动产租赁业务活动。即出租人根据承租人所要求的规格、型号、性能等条件购入有形动产，以拥有形动产的所有权为前提，合同期内设备所有权属于出租人，合同期满付清租金后，承租人有权按照残值购入有形动产，不论出租人是否将有形动产残值销售给承租人，均属于融资租赁。 有形动产经营性租赁：在约定时间内将物品、设备等有形动产转让他人使用且租货物所有权不变更的业务活动。远洋运输的光船租赁、航空运输的干租业务，属于有形动产经营性租赁。 光船租赁是指远洋运输企业将船舶在约定的时间内出租给他人使用，不配备操作人员，不承租过程中发生的各项费用，只收取固定租金的业务活动。干租业务是指航空运输企业将飞机在约定的时间内出租给他人使用，不配备机组人员，不承担运输过程中发生的各项费用，只收取固定租金的业务活动。 （六）鉴证咨询服务 认证服务：具有专业资质的单位利用检测、检验、计量等技术，证明产品、服务、管理体系符合相关技术规范、相关技术规范的强制性要求或者标准的业务活动。 鉴证服务：具有专业资质的单位，为委托方的经济行为及有关资料进行鉴证，发表具有证明力的意见的业务活动。包括会计鉴证、税务鉴证、法律鉴证、工程造价鉴证、资产评估、土地评估、房地产评估、建筑图纸审核、医疗事故鉴定等。 咨询服务：提供和策划财务、税收、法律、内部管理、业务运作和流程管理等信息或者建议的业务活动。代理记账、翻译服务按照"咨询服务"征收增值税。

续表

试点行业	注　释
部分现代服务业	（七）广播影视服务 广播影视节目（作品）制作服务：进行专题（特别节目）、专栏、综艺、体育、动画片、广播剧、电视剧、电影等广播影视节目和作品制作的服务。具体包括与广播影视节目和作品相关的策划、采编、拍摄、录音、音视频文字图片素材制作、场景布置、后期的剪辑、翻译（编译）、字幕制作、片头、片尾、片花制作、特效制作、影片修复、影片复制等业务活动。 广播影视节目（作品）发行转让服务：以分账、买断、委托、代理等方式，向影院、电台、电视台、网站等单位和个人发行广播影视节目（作品）以及转让体育赛事活动的报道及播映权的业务活动。 广播影视节目（作品）播映服务：在影院、剧院、录像厅及其他场所播映广播影视节目（作品），以及通过电台、电视台、卫星通信、互联网、有线电视等无线或有线装置播映广播影视节目（作品）的业务活动。

资料来源：根据财政部、国家税务总局《关于将铁路运输和邮政业纳入营业税改征增值税试点的通知》（财税〔2013〕106号）以及《关于将电信业纳入营业税改征增值税试点的通知》（财税〔2014〕43号）整理而成。

至目前,试点的一般纳税人提供有形动产租赁服务,适用17%的增值税税率;提供交通运输服务、邮政服务,税率为11%;提供有形动产租赁服务之外的现代服务业服务,适用6%的税率。而应税服务年销售额500万元以下的属于小规模纳税人,适用3%的增值税征收率。

(二)增值税改革试点政策逐步调整充实

随着"营改增"试点的逐步扩围,相关政策也在不断地调整和充实。

第一,取消了大多数差额征税政策。随着试点行业的全国推开,多数差额征税政策可由增值税抵扣机制替代,因此后续的试点政策取消了包括交通运输服务、仓储服务、代理服务(包括广告代理、货物运输代理等)、勘察设计服务在内的绝大多数应税服务的差额征税政策。由于融资租赁服务的差额征税政策允许扣除出租方支付的利息,而目前金融业尚未纳入"营改增"范围,因此仍保留了融资租赁服务的差额征税政策。

第二,企业购置自用摩托车、汽车、游艇可抵扣进项税。根据调整后的政策,原增值税一般纳税人自用的应征消费税的摩托车、汽车、游艇,其进项税额准予从销项税额中抵扣。另外,原增值税一般纳税人购进货物或者接受加工修理修配劳务,用于《应税服务范围注释》所列项目的,不属于增值税暂行条例第十条所称的用于非增值税应税项目①,其进项税额准予从销项税额中抵扣。

第三,完善了应税服务适用的增值税零税率和免税政策。境内单位和个人提供的国际运输服务、向境外单位提供的研发服务和设计服务,适用增值税零税率。境内单位和个人提供的往返香港、澳门、台湾的交通运输服务以及在香港、澳门、台湾提供的交通运输服务(以下简称港澳台运输服务),适用增值税零税率。境内单位或个人提供程租服务,如果租赁的交通工具用于国际运输服务和港澳台运输服务,由出租方按规定申请适用增值税零税率。境内单位和个人提供适用增值税零税率的应税服务,如果属于适用简易计税方法的,实行免征增值税办法。如果属于适用增值税一般计税方法的,生产企业实行免抵退税办法,外贸企业外购研发服务和设计服务出口实行免退税办法,外贸企业自己开发的研发服务和设计服务出口,视同生产企业连同其出口货物统一实行免抵退税办法。境内单位和个人取得交通部门颁发的《国际班轮运输经营资格登记证》或加注国际客货运输的《水路运输许可证》,并以水路运输方式提供国际运输服务的,适用增值税零税率。另外,境内单位和个人提供的下列应税服务免征增值税。包括:工程、矿产资源在境外的工程勘察勘探服务;会议展览地点在境外的会议展览服务;存储地点在境外的仓储服务;标的物在境外使用的有形

---

① 增值税暂行条例第十条规定,下列项目的进项税额不得从销项税额中抵扣:(一)用于非增值税应税项目、免征增值税项目、集体福利或者个人消费的购进货物或者应税劳务;(二)非正常损失的购进货物及相关的应税劳务;(三)非正常损失的在产品、产成品所耗用的购进货物或者应税劳务;(四)国务院财政、税务主管部门规定的纳税人自用消费品;(五)本条第(一)项至第(四)项规定的货物的运输费用和销售免税货物的运输费用。

动产租赁服务;为出口货物提供的邮政服务和收派服务;在境外提供的广播影视节目(作品)的发行、播映服务等。

第四,修订了总分机构缴税办法。根据2013年10月修订后的《总分机构试点纳税人增值税计算缴纳暂行办法》,总机构应当汇总计算总机构及其分支机构发生《应税服务范围注释》所列业务的应交增值税,抵减分支机构发生《应税服务范围注释》所列业务已缴纳的增值税税款(包括预缴和补缴的增值税税款)后,在总机构所在地解缴入库。总机构销售货物、提供加工修理修配劳务,按照增值税暂行条例及相关规定就地申报缴纳增值税。分支机构发生《应税服务范围注释》所列业务,按照应征增值税销售额和预征率计算缴纳增值税。分支机构销售货物、提供加工修理修配劳务,按照增值税暂行条例及相关规定就地申报缴纳增值税。

第五,明确了出口退税财政负担机制和会计处理办法。为深化财税体制改革,理顺中央与地方收入划分,促进外贸稳定发展,2015年起,出口退税(包括出口货物退增值税和营改增出口退税)全部由中央财政负担,地方2014年原负担的出口退税基数,定额上解中央。

二、增值税改革试点的阶段性成效

截至目前,全国"营改增"试点运行平稳,试点企业实现了新旧税制的成功转换,在破解影响服务业发展的税制瓶颈方面迈出了关键一步,产生了良好的改革效应。征纳双方已基本适应新税制各项要求,在多个方面取得了好于预期的明显成效。

(一)增值税抵扣链条延伸,结构性减税效应显现

"营改增"改革最重要的意义在于增强税收中性,促进服务业与制造业的税负公平。从试点来看,货物、劳务税制不统一以及营业税重复征税的情况明显缓解。试点的一般纳税人购进机器设备等可作为进项抵扣,下游企业购进试点一般纳税人的服务也可进行进项抵扣,使得增值税抵扣链条在产业间得以贯通。在降低试点行业企业税负的同时,也相应减轻了接受试点行业提供服务的企业税负,从而具有双重抵扣效应。

从实践层面看,减税是发挥增值税中性、促进货物和劳务流转各环节税负公平的必然反映。2012年以来,纳入"营改增"试点的纳税人户数呈持续快速增长态势。到2015年6月底,全国共有试点纳税人509万户,比2012年初增加了38倍多,超过95%的试点纳税人通过税制转换实现了税负下降。[①] 特别是占到试点纳税人总数81.5%[②]的小规模纳税人,由于实行了3%的增值税简易征收率,低于原营业税5%的税率,税负降幅达40%,极大地扶持了服务业小微企业的发展。此外,原增值税一般纳税人的税负因进项税额抵扣范围的增加也相应下降。截至2015年6月底,"营改增"已累计减税4848.3亿元(见图6-2)。

---

① 据调查,上海试点过程中5%左右的纳税人税负有所增加,月均增加2000元以下税负的占整个增负企业的60%以上。
② 截至2015年6月底,全国纳入"营改增"试点的一般纳税人94万户,小规模纳税人415万户,两者的数量比为18.5∶81.5。

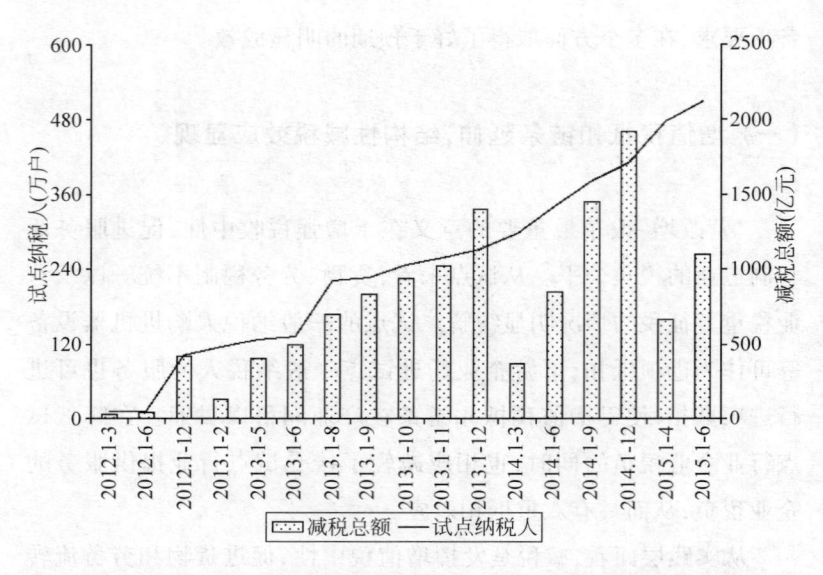

图 6-2 2012 年以来我国"营改增"试点纳税人户数及减税总额
资料来源:财政部、国家税务总局。

专栏 1:近年来各地"营改增"试点的进展

北京:稳步推进"营改增"试点改革,2013 年全市累计减税约 268 亿元;2014 年总减税 376.6 亿元,46.3 万户试点纳税人总体税负下降 43.3%。

天津:在交通运输和部分现代服务业先行试点基础上,2013 年将广播影视业纳入改革试点范围,全市试点企业 5.3 万户,减负面达到 96%,全年减轻企业税负 34.7 亿元。2014 年,全市 7.5 万户试点企业减负面达到 97%。

河北:稳步实施"营改增"试点,2014 年将铁路运输、邮政和电信业纳入改革范围,全省共有 11 万户纳税人受益,全年减轻企业税负 90 亿元。

山西:2013 年,"营改增"试点惠及企业 2.8 万户。2014 年,扩大"营改增"试点行业,减轻企业税负 50 多亿元。

内蒙古:落实结构性减税政策,对全区交通运输业和部分现代服务业实行营业税改征增值税试点,清理规范 116 项行政事业性收费项目,全年减轻企业和社会负担 30 亿元。2014 年,扩大"营改增"试点行业范围,企业减税面超过 95%,累计减轻税负 43 亿元。

辽宁:2013 年,实施"营改增"改革、提高增值税和营业税起征点,为相关企业减免税 14.3 亿元。2014 年,扩大"营改增"试点范围,直接减税 55 亿元。

吉林:2013 年,实施交通运输业和部分现代服务业营业税改征增值税试点,对月销售额不超过 2 万元的小微企业暂免征收增值税和营业税;加大清费减负工作力度,取消、免征行政事业性收费 43 项,降低行政事业性收费标准 9 项,共减轻企业和社会税负 13.9 亿元。2014 年,扩大"营改增"实施范围,全省改征增值税规模扩大到 28.4 亿元,比上年增加 21.4 亿元。

黑龙江:2013 年,交通运输业和部分现代服务业实施营业税改征增值税试点,减轻 3.1 万户纳税人税负 3.3 亿元。2014 年,落实"营改增"扩围、暂免征收部分小微企业增值税和营业税、企业年金延期纳税、小微企业减半征收企业所得税、煤炭资源税从价计征等政策,为企业减税让利 29.2 亿元。

上海:2013 年,全市共有约 19.5 万户企业纳入"营改增"试点范围,比 2012 年年初的 11.8 万户增加 7.7 万户,全市的试点企业和原增值税一般纳税人因实行"营改增"试点新增减税约240亿元,2012—2013年两年合计减税超过400亿元。2014年,全市共有24.6万户企业纳入试点范围,又新增了约5万户。

江苏:2013年,"营改增"试点企业由11万户增加到24万户,试点以来共计减税170亿元。2014年,全省共34.4万户纳税人纳入试点范围,试点以来累计减税358.6亿元。

浙江:2013年,推进"营改增"改革试点,取消和免征56项行政事业性收费,降低21项收费标准,临时性下浮部分中小微企业社会保险费缴费比例,累计为企业减负近150亿元。2014年,继续实施结构性减税和消费减负政策,扩大"营改增"试点行业范围,累计减轻企业负担293亿元。

安徽:2013年,"营改增"实施范围扩大至广播影视业,试点企业户数由试点之初的3.1万户增加到6.9万户,当年为企业减税32.7亿元;拨付财政补贴资金16.1亿元,确保试点企业税负不增加。2014年,"营改增"试点范围扩大到铁路运输、邮政、电信业,试点纳税人新增4.1万户,当年为企业减负46.4亿元。

福建:2014年,通过扩大"营改增"试点范围、兑现房产税和土地使用税"即征即奖"资金、实施高新技术企业所得税优惠政策、减免小微企业税费,共计减免税费约100亿元。

江西:2014年,将"营改增"试点范围扩大到铁路运输业、邮政业和电信业,减轻企业税负27亿元。

山东:2013年,全省有13.3万户纳税人被纳入"营改增"试点范围,企业减负面达95.7%。2014年,全省参与试点企业达

24.0万户,累计减轻税负171.9亿元,有力促进了服务业和制造业发展。

河南:2013年,在交通运输业和部分现代服务业开展"营改增"改革试点,减税面达96.5%。

湖南:2014年,落实结构性减税政策,仅"营改增"扩面就减负35亿元。

重庆:2013年,落实西部大开发企业所得税优惠政策,在交通运输业和研发技术、信息技术、文化创意、物流辅助等部分现代服务业启动"营改增"试点,兑现调高营业税、增值税起征点等结构性减税政策,向企业减税让利265亿元。2014年,"营改增"试点范围扩大到铁路运输、邮政和电信等行业,落实西部大开发、小微企业等税收优惠政策,向企业减税378亿元。

四川:全面落实结构性减税政策,组织开展交通运输业和部分现代服务业"营改增"试点,继续实施提高增值税营业税起征点、对小型微利企业减半征收企业所得税等税收优惠政策,清理规范行政事业性收费,为减轻企业和居民负担、扩大国内需求发挥了积极作用。

贵州:2013年,开展交通运输业和部分现代服务业营业税改征增值税试点,全省纳税人减税约1.4亿元。

云南:2014年,积极实施"营改增"试点扩围工作,顺利启动铁路运输、邮政、电信业"营改增"试点,试点纳税人减税面达98%。

西藏:2013年,落实结构性减税政策,完成资源税从量定额向从价定率征收,稳步推进营改增试点工作,取消132项行政事业性收费。

> **陕西**:2013年,实施了"营改增"试点,全面暂停征收煤炭价格调节基金,取消和免征了43项行政事业性收费,切实减轻了企业负担。
>
> **甘肃**:2013年,推进交通运输和部分现代服务业"营改增"试点,直接减轻企业负担3亿元以上,减税面达到97%。2014年,进一步扩大试点范围,全省试点企业达到2.7万户,减免企业税负10.3亿元,减负面达到98%。
>
> **青海**:2013年,全省"营改增"试点企业达3868户,累计减少税收4.6亿元,减负面达到96.9%,其中小规模纳税人达到100%。2014年,开展了"营改增"扩围试点改革,全省试点企业减负面在90%以上。
>
> **宁夏**:2014年,扩大"营改增"试点范围,为全区1.3万户纳税人累计减税3.8亿元。
>
> **新疆**:2014年,扩大"营改增"试点范围为企业减负34亿元。
>
> 资料来源:财政部2014、2015年《部分省(区、市)财政预算报告汇编》。

(二)服务业发展活力增强,与制造业的分工协作加深

"营改增"试点以来,越来越多的要素资源加快向服务业聚集,促进了服务业的快速发展。

第一,新办企业意愿显著增强,特别是研发、设计等生产性服务行业的增长更为明显。加上2014年商事制度改革的全面实施,

当年全国信息传输、软件和信息技术服务业,文化、体育和娱乐业,科学研究和技术服务业的新登记企业数量同比增幅超过 70%,远高于整个服务业的平均水平。

第二,服务业企业更新设备和扩大投资的积极性大幅提升。2013、2014 年,仓储业,租赁和商务服务业,科学研究和技术服务业,水利、环境和公共设施管理业的投资吸引力明显增强,这些行业的固定资产投资连续保持了快速增长势头,增幅明显高于其他行业。

第三,生产制造与服务的专业化水平逐步提高。增值税实行外购服务进项税额抵扣,使得专业化分工协作的企业并不一定比"大而全"、"小而全"的企业多缴税,企业经营决策可以更多地从市场需求出发,少受重复征税的困扰。在实践中,许多制造业企业已经适应税制变化,将研发、设计、营销、售后等内部服务环节与核心业务相剥离,专业化生产意愿增强。而分离出来的服务部门独立发展,在继续为原企业服务的同时,也对社会其他企业提供服务,扩大了服务的有效供给。另外,服务业企业还通过业务流程再造、经营模式调整等方式,提升了服务的专业化水平。

(三) 对接国内外两个市场,服务贸易出口快速增长

"营改增"后,我国对服务出口试点实行零税率和免税,出口退税由货物贸易领域延伸至服务贸易领域,使服务也能够以不含流转税的净价进入国际市场,顺应了国际上货物和服务一体化课税的趋势。这在很大程度上调动了服务贸易出口试点企业为境外单位和个人提供服务的积极性,不仅促进了服务出口的增长,同时也

在一定程度上增强了出口企业的国际竞争力。

据统计,2013年试点企业因出口服务享受退税和免税超过100亿元。2013、2014年我国服务出口总额分别为2105.9亿美元、2222.1亿美元,同比分别增长10.6%、5.5%。

(四)促进了产业结构调整,对"稳增长"也发挥了支撑作用

近年来,在经济增速下台阶的过程中,东部地区增长减速更为明显,迫切需要率先加快增长动力转换和产业结构优化。"营改增"试点的持续推进,恰好为"稳增长"和"调结构"增添了动力。以试点时间最长的上海市为例,据测算,"营改增"因素拉动2012年全市GDP增长0.6个百分点左右,贡献率达8%;服务业增加值占GDP比重突破60%,比2011年提高2.4个百分点;2013、2014年,在研发设计、文化创意、信息服务等行业的带动下,上海市服务业增加值同比均增长8.8%,分别快于第二产业2.7、4.6个百分点,占GDP比重进一步上升到2014年的64.8%。

三、增值税改革试点存在的突出问题

在"营改增"试点过程中,也出现了一些值得重视的问题。其中既有技术层面的难题,也有体制层面的障碍;有的问题随着试点扩围有所消除,还有的问题则受制于其他方面的配套改革,亟须通过更深层次的制度变革加以解决。

（一）渐进试点引致的税收"洼地效应"

"营改增"选择了渐进式的改革路径，并没有一次性将原来所有课征营业税的行业全部转为征收增值税，而是采取了"先试点、后推广"的策略，通过完善后续措施来不断推进，直到完成全部改革任务。遵循分步骤的渐进式改革路径，符合我国以往历次改革的一般逻辑。渐进稳妥地推进"营改增"，有利于让市场主体有较充分的时间形成对改革的理性预期，减轻对财政收入乃至宏观经济的冲击；还可以做到"干中学"，从试点中汲取有益经验。

不过，这一改革路径也有一定的负面影响。仅在部分地区和部分行业进行试点，区域性的税收优惠必然带来与周边地区的政策衔接问题，由此产生"洼地效应"。也就是说，"营改增"降低了试点地区试点行业的税负，会吸引更多非试点地区的试点行业企业和资本进入试点地区，从而造成税负在不同地区、行业之间的不公平。第一，由于向试点地区的服务提供企业购买应税服务的进项税额可以得到抵扣，在服务差别不大的情况下，试点地区的服务需求企业必然会尽可能地从试点地区的企业采购服务，由此导致非试点地区的服务提供企业缺乏竞争力。第二，很多服务业特别是知识技术密集型服务业的企业具有轻资产的特点，迁址和扩张相对容易。同样的企业，在试点地区可以使用增值税发票进行抵扣，而在其他地区却无法抵扣，使得这些企业更倾向于到试点地区发展。另外，新注册登记的服务业企业也会出于试点地区政策优势的考虑，优先选择在这些地区落户发展。第三，在一些情况下，"洼地效应"具有不可逆性。这意味着，即使非试点地区后续跟进试点,部分已搬迁到试点地区的服务业企业也很难再回流。

正是看到"营改增"试点的政策先机,很多省市尽最大能力争取加入试点,希望尽早抹平"洼地效应"。

专栏2:"营改增"试点带来的税收"洼地效应"和先发优势

对于分支机构遍布全国中心城市的民营检测机构——华测检测技术股份有限公司来说,将"营改增"推向全国,意味着非试点地区与试点地区的税制不公和"洼地效应"将被取消。

华测财务资源管理部经理告诉记者,检测企业需购进大量高精仪器,仅去年设备采购就投入6000万元,增值税下可作为进项抵扣,降低了公司税负。从产业链看,试点后企业可以开具增值税发票,有利于承接更多检测业务。

不过,他表示,由于一些分支机构所在地尚未纳入试点,不能向客户开具增值税发票,影响了公司业务。如不久前山东一家进出口企业提出,不想和青岛分公司签约,愿意和纳入试点的深圳总部或上海分公司合作,给企业内部造成困扰,期待改革尽快实现全国覆盖。

资料来源:摘自新华社报道,"营改增:在各地期待中加速扩容 助力中国经济转型",2013年2月27日。

上海试点"营改增"的魅力已初步显现。今年上海"两会"期间,有官员透露,已经有一些大中型企业找到上海有关部门洽谈企业搬迁到上海的可能性。

"最近我听说北京、江苏等一些兄弟省市也在向中央争取营业税改征增值税的政策,他们担心部分第三产业企业会搬迁到上海来。"上海市市长韩正在地方"两会"期间表示,"营业税改征增值税是上海今年第一项重大改革,我们要充分认识它的重大意义。"

以特许权采购为例,假如在上海设立一个地区总部,通过总部去境外集中采购特许权,这一进项税额可以从销项税额中抵扣。若上海总部再将这一特许权分销到各地的生产性公司,则上海总部所开出的增值税发票仍然可以继续用于抵扣。与原先各地分公司分别采购特许权,各自缴纳营业税的做法相比,在上海设立地区总部不仅能够降低企业的实际采购成本,还能通过管理职能的集中、协同效应的发挥,提高企业自身的管理和生产效率。因此,"营改增"政策实施以后,跨国公司及内外资企业向"四大"会计师事务所咨询设立地区总部及运营总部的情况大幅增加。

上海谋求实施转型驱动、创新发展战略已经很多年了,但光喊口号是没有用的,必须要有实质性的突破,毫无疑问此次营业税改征增值税的税制改革是中央给上海的政策"干货",这将会吸引一大批与第三产业相关的优秀企业搬迁落户上海,集聚效应会使得上海的现代服务业更上一个台阶。

资料来源:摘自"上海增值税改革试点户税负有减有增",《中国经济周刊》2012年第7期;"'营改增'政策试点的市场初步评估",《科学发展》2012年第5期。

(二)部分试点企业税负有所上升

任何改革都会涉及利益关系的重新调整,"营改增"试点整体呈现减税效果,但在试点过程中,部分企业的税负也出现了不同幅度的上升。以最先试点的上海市为例,有35.9%的受访企业反映税负增加。交通运输业和鉴证咨询服务业受影响较大,有58.6%的交通运输业受访企业税负出现增加。[①] 一些企业甚至采用拆分的方式,适用小规模纳税人管理办法以求减轻税负,这种逆向激励现象不利于服务业企业的规模化发展。

一方面,行业性质和成本构成上的差异,导致部分试点企业税负增加。首先,外购产品、服务的价值及比例偏低。目前来看,可作为增值税进项抵扣的仅仅是外购产品与服务成本(即中间投入)。对于那些以人力投入为主、物质投入较少的服务行业来讲,其进项税额相对于销项税额要小,从而易引起税负的增加。其次,劳动力成本占比相对较高。企业在使用生产要素时,由于劳动力成本无法进入增值税进项税额抵扣链条,造成部分企业税负存在不同程度的提高。另外,固定资产更新周期的影响。不同行业购进固定资产的周期有着显著差异,其实际税负受此影响较大。以交通运输业为例,其成本特点就是以运输车辆及设备维护为主要部分,如果有些企业一次性批量采购车辆,而购置行为又发生在"营改增"前夕,则会在试点后的一段时期内出现可抵扣的进项税

[①] 国家统计局上海调查总队:《上海"营改增"试点中的新情况新问题》,2012年12月18日。

额小、销项税额大的情形,导致企业实际税负上升。

另一方面,改革试点政策不完善,造成一些试点企业税负上升。一是进项税额抵扣链条尚不完整。"营改增"没有完全推广至全部生产性服务业也是部分企业税负上升的原因。还是以交通运输业为例,除过路过桥费、燃油费之外,车辆保险、不动产支出、无形资产支出等也是重要成本内容,而相关行业还没有进入"营改增"试点范围,造成一些企业进项税额抵扣不充分。二是试点行业增值税税目认定的差异。目前,各地针对部分服务行业的营业税征管标准不完全一致,导致因"营改增"税目认定差异而出现企业"同业不同税"的现象。例如,同为快递业企业,注册为货代企业的,按照现代服务业项下的物流辅助服务业进行试点,适用6%的增值税税率;而注册为运输企业的,则是按交通运输业11%的税率进行试点,税改后后者的税负明显高于前者。三是受现行增值税制度某些规定的影响。例如,在近年来我国自由贸易试验区建设发展中,一般都纳入了当地的综合保税区,希望以此加强与国际市场接轨,并向国内市场发挥辐射效应。不过,由于海关对这类特殊监管区域的管理采取了"境内关外"模式,区内企业不具备一般纳税人资格,无法开具增值税专用发票,也就无法以人民币结算方式开展向国内的进口分销业务;同样,在国内采购料件也无法按区外一般纳税人的政策实行进项税额抵扣,导致企业难以实现内外贸一体化运作,税负加重。四是现行增值税发票管理制度还不完善。"营改增"试点中,一些行业由于上游企业的发票管理制度未及时调整,导致下游企业的税负处于较高水平。目前来看,除完全以自有车辆且运营固定线路的交通运输业企业之外,燃油的增值税专用发票难以取得,造成实际发生的应抵未抵,也成为影响企业税负的重要因素。

> **专栏3："营改增"对部分劳动力成本占比较高的企业的影响**
>
> 上海作为"营改增"的排头兵,改革成效一直是众人关注的焦点。"上海'营改增'以来,减少财税收入约200亿元,一般纳税人企业有6个行业税负普遍下降,但交通运输业税改后有30%的企业税负有所增加。"上海市委常委、常务副市长屠光绍表示。
>
> 其中,物流运输企业叫苦之声尤为强烈。
>
> 2012年6月,针对"营改增"对道路运输行业的影响,交通运输部道路运输司调研组赴上海进行专题调研,探究税负不减反增的原因。
>
> "'营改增'后企业纳税是否增加,主要取决于可抵扣进项税额在销项税额中所占比重和适用税率。通过测算,可抵扣的进项税额必须占到销项税额70%以上时,才能与原3%的营业税税负持平或下降。"而物流行业中,劳动力成本（约占25%）、车辆通行费（约占25%）、存量固定资产折旧（约占10%）等占企业成本比重较高的项目并未纳入进项税抵扣范围,造成税负增加。
>
> 德邦物流公司相关负责人"晒"出了公司的营业成本构成：人力成本、路桥费、房租费用、装修费用、固定资产折旧费等费用均无法取得进项抵扣发票,此部分成本约占营业成本的58%；而可取得进项抵扣发票的成本约占总成本的27%。
>
> 屠光绍认为,因为受试点行业和地区的两种限制,试点企

> 业仅涉及营业税九大行业中的1.5个行业,导致"1+6"行业抵扣还不充分,抵扣链条不系统、不完整,抵扣项目较少,使得部分现代服务业试点企业出现了税负增加的情况。尽管试点地区逐步扩大,上海交通运输企业税负增加的趋势有所趋缓,但部分试点企业跨区的抵扣仍不能实现,税负增加的状况仍未得到根本解决。
>
> 资料来源:摘自"营改增扩围物流企业亦喜亦忧",《中国交通报》,2013年4月18日。

(三)过渡性财政扶持政策不具有可持续性

为调动企业参与试点的积极性、平稳推进"营改增"改革,各地普遍设立专项资金,用于补贴因新旧税制转换而增加税负的部分试点企业。然而,由于缺乏统一的制度性规定,长时间采用过渡性的财政扶持措施,将会面临一些新的问题。

从财政扶持资金的管理上,各地普遍采取"企业据实申请、财政分类扶持、资金及时预拨"的方式。其中,"企业据实申请"是指在试点过程中,试点企业按月向主管税务机关报送"营改增"税负变化情况。若试点企业税制改革后实际税负确有增加,可向财税部门申请专项资金扶持。"财政分类扶持"是指财税部门对新旧税制转换导致税负确实增加的试点企业,据实落实过渡性财政扶持政策。对由于多种原因难以取得增值税专用发票的试点企业,由财税部门会同有关行业协会或工商联建立协调评估机制,共同研究并区别不同情况,给予适当的过渡性财政扶持。"资金及时预拨"是指财政部门在审核企业申请后,将财政扶持资金及时预拨给试点企业。在具体操作中,根据企业税负增加的实际,财政部门一般采用按月跟踪分析、按季审核预拨、按年据实清算的办法。

> **专栏4:北京市对"营改增"过渡性财政扶持资金管理的规定**
>
> 根据《北京市财政局 北京市国家税务局 北京市地方税务局关于开展营业税改征增值税试点过渡性财政扶持资金管理工作的通知》(京财税〔2012〕2163号)要求,申请财政扶持资金的基本条件是按月填报了《北京市营业税改征增值税试点企业税负变化表》且显示税负升高的试点企业。税负升高是指按照新税制规定缴纳的增值税比按照老税制规定计算的营业税确实有所增加。
>
> 申请财政扶持资金需报送的材料包括:
>
> 1.《关于申请财政扶持资金的报告》;
>
> 2.《营业税改征增值税试点企业财政扶持资金申请/审核表》;
>
> 3.《还原营业税应税收入减除项目明细表》及减除凭证(还原的进项税额抵扣凭证等)复印件;
>
> 4.《营业税应税收入直接减除项目明细表》及减除凭证(差额扣除凭证等)复印件;
>
> 5.逐月增值税纳税申报表(包括附表)复印件;
>
> 6.同期资产负债表、利润表及现金流量表;
>
> 7.增值税完税凭证原件(财政扶持资金拨付后退还企业)及复印件;

8. 营业执照副本复印件；

9. 税务登记证副本复印件；

10. 法定代表人或机构负责人身份证复印件；

11. 其他需报送的资料。

上述材料一式一份，8、9、10项材料如无变化为一次性提交材料。申请材料按以上顺序装订成册（除增值税完税凭证原件外），并在侧面加盖骑缝单位公章（申报材料中前六项需要单独加盖企业公章），由区县财政局留存。

各区县财政局受理试点企业申报的财政扶持资金申请后，联合本区县国税局和地税局审核当年内逐月累计的税负增加数据，向市财政局上报财政扶持资金申请文件，市财政局复审后下达正式资金批复文件，区县财政局及时完成资金预拨。

资料来源：北京市财政局。

各地实施的过渡性财政扶持政策更多的是解决个别试点企业税负增加的临时性措施，这可能会带来新的问题。首先，财税部门对企业申请条件、材料提交和受理等方面的要求，无形中会大大增加核实成本。其次，很容易引发纳税人之间新的税负不公。另外，也容易产生政策依赖、不愿调整经营模式甚至骗取财政补贴的问题。未来随着"营改增"试点范围的扩大，过渡性财政扶持政策并不是长久之计。

（四）现行增值税制度与服务业发展的适应性不足

"营改增"试点中暴露出的各种问题，不仅仅是试点过程本身的问题,也反映出我国现行增值税制度设计与服务业发展之间存在一定程度的"适应性"不足。

一方面,进项抵扣范围仍有局限。现行增值税制度带有明显的制造业"印记"。在分税制改革时,我国增值税税目、税率、抵扣项目等的设计,与当时的经济发展阶段和产业发展水平紧密联系。即使2009年推行生产型增值税向消费型增值税的转型后,进入抵扣链条的固定资产还仅限于机器、设备等可移动固定资产,房屋、建筑物等不可移动固定资产仍无法抵扣。这就使得当增值税制度覆盖面延伸到服务业时,由于缺乏足够的进项抵扣,不少服务行业承担的税负升高。

另一方面,税率档次偏多。在我国增值税制度确立之初,由于税基较窄,设定相对高一些的税率有利于实现财政收入目标。而"营改增"试点以来,基于营业税税负平移的方法,服务业的增值税率设定与基本税率之间必然出现差异。目前,除小规模纳税人按照简易征收办法实行3%的征收率外,现行的增值税税率实际上有17%、13%、11%、6%四档。过多的税率档次会引发一系列问题,不利于增值税税收中性作用的发挥。[①] 未来随着"营改增"试点的不断扩围,地区和行业的发展差异以及增加更多档次低税率的利益驱动,势必会使增值税制更加复杂化,也会提高税务机关的征管成本。

总之,仅在"营改增"试点上打转,很难突破税制改革的僵局,

[①] 如果产业链条上不同环节的企业普遍面临着"高征低扣"或者"低征高扣"的问题,很容易导致各环节之间的税负不平衡,从而产生逃避税的动机和机会,干扰企业经营者的理性决策。

需要对现行增值税制度进行全方位的重构。

（五）地方税体系乃至整个财税体制受到冲击

服务业增值税改革远远超出了局部意义上的税制调整，对现行地方税体系乃至整个财税体制都有着重要影响。

在现行税收制度下，营业税收入占地方财政收入的比重最大，是地方政府名副其实的支柱性税种。2014 年，全国归属地方的营业税收入高达 17712.8 亿元，占地方本级税收收入的 30% 左右。尽管该比重与最高年份 2004 年的 34.7% 相比有所降低（见图 6-3），但仍明显高于排在第二、三位的国内增值税、企业所得税

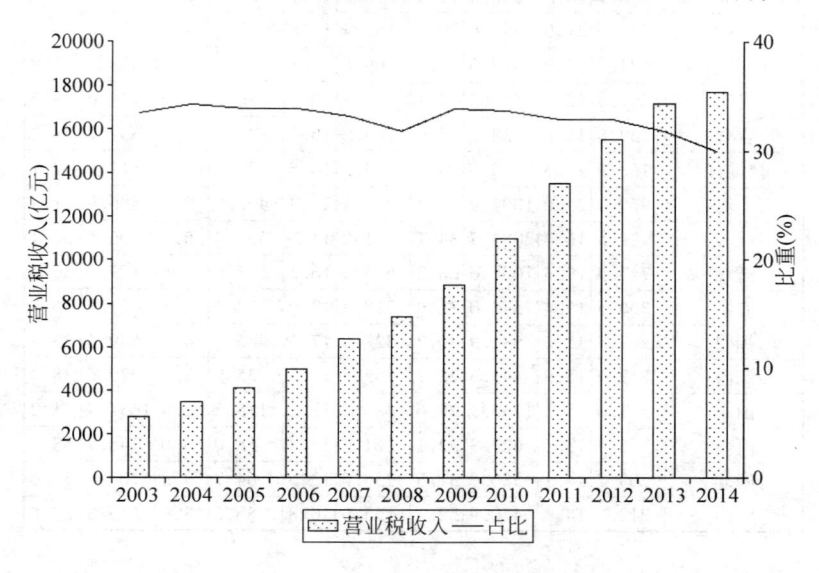

图 6-3　2003—2014 年我国地方本级财政中营业税收入及其占比

资料来源：根据相关年份的《中国统计年鉴》计算整理而成。

的比重。分地区来看,即使上海地方税收收入中的国内增值税、企业所得税所占比重较高,其 2014 年营业税收入比重仍达到 23.7%。而很多中西部省区的地方税收收入往往更加依赖营业税,其中,宁夏、甘肃、青海、西藏的营业税收入比重均超过了35%(见表 6-3)。

表 6-3 2014 年我国各地区地方税收收入构成

地区	国内增值税		营业税		企业所得税		个人所得税		其他	
	金额(亿元)	占比(%)	金额(亿元)	占比(%)	金额(亿元)	占比(%)	金额(亿元)	占比(%)	金额(亿元)	占比(%)
北京	646.7	16.7	1068.6	27.7	915.8	23.7	383.5	9.9	846.6	21.9
天津	252.9	17.0	478.5	32.2	234.9	15.8	72.0	4.8	448.6	30.2
河北	310.1	16.6	592.6	31.8	256.2	13.7	56.1	3.0	651.0	34.9
山西	238.3	21.0	345.8	30.5	167.4	14.8	47.2	4.2	335.6	29.6
内蒙古	174.0	13.9	339.0	27.1	109.6	8.8	40.2	3.2	588.2	47.0
辽宁	291.3	12.5	562.2	24.1	252.1	10.8	70.3	3.0	1154.6	49.5
吉林	139.8	15.8	228.8	25.9	143.2	16.2	34.9	3.9	337.7	38.2
黑龙江	168.9	17.3	250.5	25.6	103.2	10.6	37.0	3.8	417.8	42.7
上海	969.1	23.0	1001.9	23.7	942.5	22.3	408.6	9.7	896.9	21.3
江苏	987.5	16.4	2084.7	34.7	821.0	13.7	306.3	5.1	1806.5	30.1
浙江	743.4	19.3	1086.6	28.2	635.3	16.5	217.5	5.6	1171.2	30.4
安徽	260.5	15.4	540.0	31.9	218.3	12.9	52.1	3.1	621.5	36.7
福建	262.7	13.9	581.5	30.7	322.9	17.1	86.7	4.6	639.6	33.8
江西	219.6	15.9	443.6	32.1	152.5	11.0	35.9	2.6	529.6	38.3
山东	597.0	15.1	1135.9	28.6	483.0	12.2	115.2	2.9	1634.7	41.2
河南	256.5	13.1	627.3	32.1	261.0	13.4	58.0	3.0	748.7	38.4
湖北	263.7	14.1	586.0	31.3	255.0	13.6	64.7	3.5	703.7	37.6
湖南	212.2	14.8	470.9	32.7	155.0	10.8	56.6	3.9	543.8	37.8

续表

地区	国内增值税		营业税		企业所得税		个人所得税		其他	
	金额(亿元)	占比(%)	金额(亿元)	占比(%)	金额(亿元)	占比(%)	金额(亿元)	占比(%)	金额(亿元)	占比(%)
广东	1233.2	18.9	1730.9	26.6	1136.2	17.5	408.9	6.3	2001.3	30.7
广西	126.5	12.9	321.3	32.8	109.4	11.2	30.2	3.1	390.8	40.0
海南	54.7	11.4	154.3	32.1	67.7	14.1	13.4	2.8	190.4	39.6
重庆	153.3	12.0	444.1	34.6	157.7	12.3	43.2	3.4	483.5	37.7
四川	306.4	13.3	805.2	34.8	286.1	12.4	97.2	4.2	817.5	35.4
贵州	117.0	11.4	344.5	33.6	123.8	12.1	32.5	3.2	408.8	39.8
云南	186.1	15.1	396.3	32.1	159.6	12.9	48.2	3.9	443.0	35.9
西藏	15.9	18.5	32.0	37.2	18.1	21.1	9.4	11.0	10.4	12.1
陕西	250.6	18.8	399.3	29.9	156.5	11.7	46.9	3.5	482.5	36.1
甘肃	88.4	18.0	195.0	39.8	46.0	9.4	15.8	3.2	145.1	29.6
青海	30.9	15.5	77.8	39.0	19.8	9.9	6.3	3.2	64.5	32.4
宁夏	38.6	15.4	105.0	42.0	28.3	11.3	7.5	3.0	71.0	28.3
新疆	156.4	17.6	282.2	31.8	90.3	10.2	48.1	5.4	310.7	35.0

注:"其他"包括资源税、城市维护建设税、房产税、印花税、城镇土地使用税、土地增值税、车船税、耕地占用税、契税、烟叶税等。

资料来源:《中国统计年鉴2015》。

随着"营改增"实施后增值税征收范围的扩大,营业税的征收范围将越来越小。在此过程中,虽然原征自营业税领域、现改征增值税的这部分税收收入全部返给地方政府,但毕竟不是规范的安排。更重要的是,随着改革试点的全面完成,"营改增"实际减税幅度可能会超出预期,这将使现有地方财政收支平衡的基础被打破,地方政府的支出压力会进一步加大。而且,越是中西部地区,"营改增"对地方税体系所带来的影响往往越大。

专栏 5：应对"营改增"以后可能出现的地方税源不足

铁路运输和邮政服务业纳入"营改增"的决定一出，中央与地方财税分配隐忧再次浮现。为此，高培勇等财税专家提出，把消费税划归地方，是应对"营改增"后可能出现的地方税源不足的有效途径。

营业税是地方税，而增值税则是中央和地方按照75∶25的比例划分收入。"营改增"后，地方面临丧失收入大头的威胁。目前来看，"营改增"改变的是财权，没有动摇地方财力，因为"营改增"的收入还要如数返还给地方。也就是说，只是在名义的所有权上发生变化，但使用权没发生变化。收上来的增值税分为"增值税一"和"增值税二"，"增值税一"按照中央和地方75∶25分成，"增值税二"则100%返还地方。总之，试点期间收入归属保持不变是为了支持税制改革的"权宜之计"，长久看增值税不可能保持两种不同的分配方式，迟早要拿出一个稳定的、长期性的办法。

为此，可以把消费税改为地方税。以2012年营业税为基数看，营业税不到16000亿元。如果全部改为增值税，按照25%的比例算，地方能得4000亿元，比之前缴纳营业税还差12000亿元。而2012年消费税收了9000多亿元，如果划归地方，那地方就只差2000亿—3000亿元的税收收入。

要填补这2000亿—3000亿元的空当，需要扩大消费税征收范围，并把消费税从生产环节征收改为消费环节征收。因为从生产环节征税的话，税源往往分布不均，比如烟主要是在云南，酒主要是在四川、贵州，其他省份比较少。但是如果在零售环节征收,就是在哪个地方消费,哪个地方纳税,这个税源就分布均匀了。更重要的是,消费环节征收,和地方利益挂钩,地方对于税收的征管也会加强。同时,我们征收消费税有一定经验,征管难度较小。因此,消费税划归地方税种可行性较强。

资料来源:摘自"营改增后或现地方税源不足 专家 呼消费税划归地方",《经济参考报》,2013年12月10日。

在减少流通环节税收的基础上,开征保有环节的房地产税是可行路径。据安体富测算,全面开征保有环节的房地产税后,可实现税收至少1万亿元。推进房地产税,某种程度上会对房价有一定调节作用,但最重要的作用在于成为地方政府的主体税种和稳定收入来源,以协调中央和地方财政收入关系。

如果房地产税全面开征达到1万亿元的规模,就能占地方税收的22%—25%,如果再对分税制做适当的调整改革,就可以保证地方有稳定充足的收入。这样可以缓解地方卖地、借债、乱收费的现象,使地方政府的行为不至于像现在这么扭曲。

资料来源:摘自"专家建议开征房地产税作为地方稳定税源",《经济参考报》,2013年12月18日。

从深层次看,整个财税体制及税收征管体制也面临着调整压力。特别是在当前财政收入增长明显放缓的情况下,要推广"营改增"改革,如果不理顺中央和地方收入的划分,改革将会面临地方阻力。不过也要看到,"营改增"为我国财税体制改革提供了"抓手"和契机。在对地方税体系形成冲击的同时,还应该统筹谋划未来财税体制的整体架构,既促进经济可持续发展和社会公平,又能扭转地方政府行为的短期化,推动治理体系和治理能力现代化。

长期以来,现行增值税分享和以经济考核为主要内容的政绩考核制度,成为诱发地方政府短期行为的重要原因。地方政府为实现既定的税收增长目标,倾向于"上马"大项目,这是因为在大项目建设和投产运行中会产生大量的增值税;各地之间还围绕 GDP 增长和招商引资进行着"锦标赛"式的竞争,借助名目繁多的财税优惠手段不遗余力地吸引内外资。在未来的财税体制改革中,需要对地方政府行为加以规范化。

此外,"营改增"带来的另一个显著变化是改征增值税的收入改由国税部门负责征收,再由国税部门将这部分税款返还给地税。一方面,这会增加国地税之间的协调成本;另一方面,税收征管方面的权责必然发生微调,国地税之间的征税权划分问题将会凸显,从而也倒逼深层次的财税体制改革。

第七章　增值税改革对我国服务业的增长效应

"营改增"作为财税领域供给侧结构性改革的重要举措,为服务业较快发展营造了宽松的税制环境。通过测算分析,纳入"营改增"试点的服务行业税负总体下降,未来随着增值税覆盖征收营业税的全部行业,服务业的减税效果将会更为明显。这对于提高企业利润水平和投资意愿将产生积极影响,并由此形成正反馈效应,为服务业特别是生产性服务业的增长注入持续动力。

一、增值税改革后服务行业的税负变化

以 2007 年全国 135 个部门的投入产出表①所反映的行业间技术经济联系为依据,可以对"营改增"前后服务业的税负变化进行分析。

---

① 该表是目前可获得的最细致地反映国民经济生产活动的投入产出表,包括 40 个服务行业,便于找到与营业税征收范围及"营改增"试点行业的对应关系。

(一)增值税改革已试点的服务行业税负总体下降

截至2013年年底,"营改增"试点涉及交通运输、研发和技术服务、信息技术服务、文化创意服务、物流辅助服务、有形动产租赁服务、鉴证咨询服务、广播影视服务8个行业。与投入产出表中的行业相对应,上述行业可作进一步细分。其中,不同行业原适用的营业税率及改征增值税后的税率存在差异(见表7-1)。

表7-1 已纳入"营改增"试点的服务行业及试点前后适用的税率

(%)

试点行业	投入产出表的对应行业	原适用的营业税率	现适用的增值税率
交通运输业	道路运输业	3	11
	城市公共交通业	3	11
	水上运输业	3	11
	航空运输业	3	11
	管道运输业	3	11
研发和技术服务业	研究与试验发展业	5	6
	专业技术服务业	5	6
	科技交流和推广服务业	5	6
	地质勘查业	5	6
信息技术服务业	信息传输服务业	5	6
	计算机服务业	5	6
	软件业	5	6
文化创意服务业	文化艺术业	5	6
	商务服务业	5	6
物流辅助服务业	装卸搬运和其他运输服务业	3	6
	仓储业	5	6

续表

试点行业	投入产出表的对应行业	原适用的营业税率	现适用的增值税率
有形动产租赁服务业	租赁业	5	17
鉴证咨询服务业	商务服务业	5	6
广播影视服务业	广播、电视、电影和音像业	5	6

资料来源:《中国投入产出表2007》、国家税务总局。

以投入产出表中的各行业产出为依据,经计算整理,可得"营改增"改革后一般纳税人①的税负:

增值税税基 = 总产出 + 进口 − 出口 − 存货增加
　　　　　　− 新增机器设备投资 − 征收增值税的中间投入

应纳增值税 = 销项税额 − 进项税额

销项税额 = (总产出 + 进口 − 出口 − 存货增加) × 增值税适用税率

进项税额 = 中间投入 × 增值税适用税率
　　　　　+ 新增机器设备投资 × 增值税适用税率

在此基础上计算税负变化,即:

$$税负变化 = \frac{应纳增值税额 − 应纳营业税额}{营业收入} \times 100\%。$$

值得一提的是,中间投入只包括开征增值税的农业、工业、水电气行业、批发零售业的投入②以及改征增值税的8个行业的投入,而其他征收营业税的服务行业及建筑业的中间投入无法抵扣。

---

① "营改增"后税负变化主要体现在一般纳税人课税方式的变化,小规模纳税人不具有代表性。

② 根据现行增值税暂行条例的规定,农业产品、暖气、热气、热水和冷气适用13%的增值税税率,工商业适用17%的增值税税率。

另外,为获得新增机器设备投资数据,需要根据2007年全社会固定资产投资中购买设备器具总额的数据,并结合2007年投入产出表各行业固定资产折旧的比例,对服务业购进的设备器具固定资产进行分配(见表7-2)。

表7-2 我国服务业设备器具固定资产投资

行业	购买设备器具占比(%)	购买设备器具额度(万元)
铁路运输业	1.2	3776982.0
道路运输业	2.4	7577890.0
城市公共交通业	0.7	2053963.0
水上运输业	1.6	4913239.0
航空运输业	0.7	2234947.0
管道运输业	0.2	476957.0
装卸搬运和其他运输服务业	0.4	1229170.0
仓储业	0.3	932971.6
邮政业	0.3	830618.4
电信和其他信息传输服务业	6.4	20287105.0
计算机服务业	0.1	426467.2
软件业	0.2	606184.6
批发零售业	3.3	10436233.0
住宿业	0.9	2889442.0
餐饮业	0.5	1625180.0
金融业	0.4	1328138.0
保险业	0.1	314581.6
房地产业	17.2	54320044.0
租赁业	0.1	404164.2
商务服务业	2.0	6180633.0
旅游业	0.2	502128.8
研究与试验发展业	0.2	544082.7
专业技术服务业	0.5	1572332.0

续表

行业	购买设备器具占比（%）	购买设备器具额度（万元）
科技交流和推广服务业	0.1	389763.4
地质勘查业	0.1	441061.4
居民服务业	0.3	859264.0
其他服务业	0.3	809382.1
新闻出版业	0.1	356010.7
广播、电视、电影和音像业	0.2	504906.8
文化艺术业	0.05	146580.4
体育	0.04	137322.2
娱乐业	0.2	562553.9

资料来源：《中国统计年鉴2008》、《中国投入产出表2007》。

从结果看，纳入试点的服务行业改征增值税后，税负平均下降2%左右，大多数行业税负得到减轻。其中，仓储业的税负下降最为明显，降幅为7.6%[①]；广播、电视、电影和音像业，商务服务业，信息传输服务业，文化艺术业等行业的税负也都有不同程度降低。只有道路运输业、城市公共交通业、管道运输业、租赁业4个行业税负出现增加，增幅分别为1.5%、1.8%、2.1%和4.5%（见图7-1）。

（二）增值税改革全面完成后预计服务行业减税效果将更显著

随着增值税改革的深化，现有征收营业税的行业，包括铁路运

---

① 仓储业的应纳增值税额为零。这是因为，根据现行增值税暂行条例的规定，一般纳税人当期进项税额大于销项税额的余额为留抵税额，在下期继续抵扣，如果下期仍出现留抵税额，应继续转结抵扣，直到抵扣完为止。一般纳税人在某个纳税期限出现期末留抵税额时，则在这一纳税期限应交增值税为零。

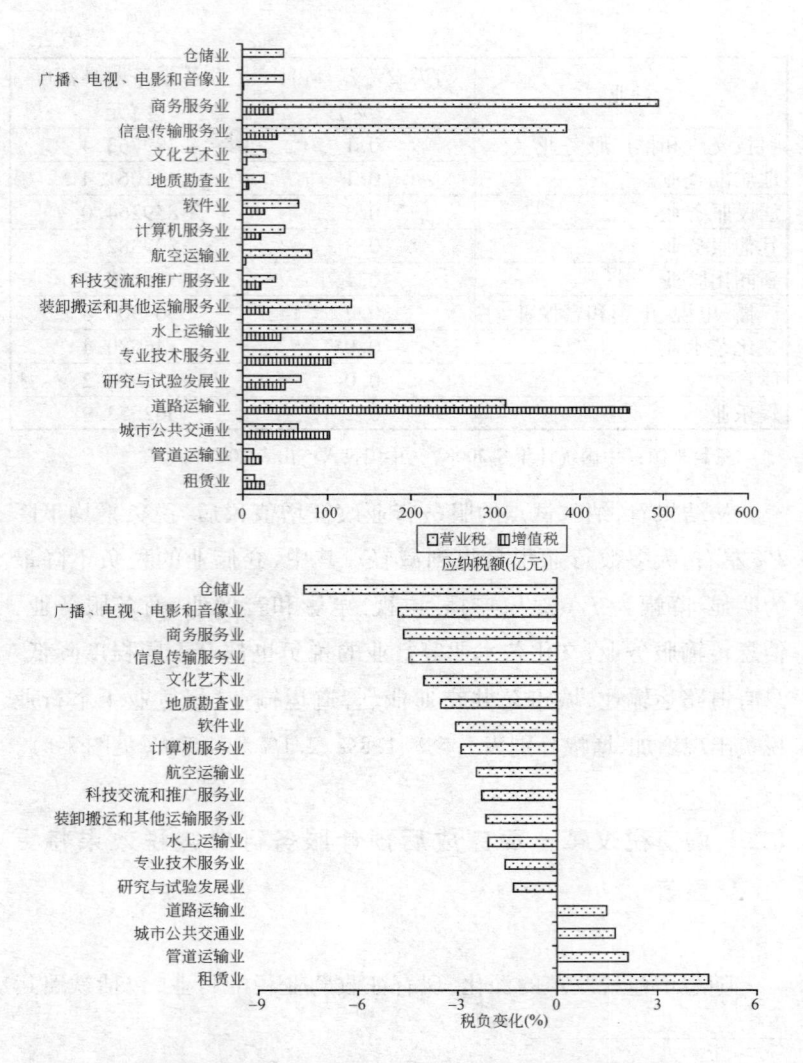

图 7-1 已纳入"营改增"试点的服务行业税负变化

资料来源:根据《中国投入产出表 2007》计算整理而成。

输业、邮政业、电信业、住宿业、餐饮业、金融保险业、房地产业、旅游业、居民服务业、其他服务业、体育业、娱乐业以及建筑业,将逐步全面改征增值税,从而完成新旧税制的转换。① 考虑到行业间税负的公平性,参照道路、航空、管道运输行业,假定铁路运输业按11%征收增值税,而其他行业则按目前试点实行的6%、11%两档税率分别测算税负变化。

总体上看,"营改增"全面完成后,货物与服务之间、产业上下游之间的增值税抵扣链条将会打通,服务业税负整体降幅好于目前的部分行业试点,更多行业的税负将得到减轻。

若铁路运输业按11%、其他行业按6%的税率征收增值税,服务业的税负平均将会下降3.3%。其中,软件、商务服务、电信和其他信息传输服务、房地产等生产性服务业以及餐饮、住宿、娱乐、体育等个人服务业受益最多。只有道路运输业、管道运输业、城市公共交通业、铁路运输业、租赁业的税负出现上升,但与之前的部分行业试点相比,税负增幅有所收窄,其中租赁业更为明显,税负增幅由4.5%回落到1.9%。

若扩围后的行业全部按照11%的税率征收,服务业的税负平均将会下降2.1%,略大于部分行业试点的税负降幅。同样,已试点行业中的道路运输业、管道运输业、城市公共交通业、铁路运输业、租赁业的税负相对减轻,其中租赁业的税负增幅由4.5%回落到2.4%。但值得注意的是,银行业、证券业和其他金融活动,装卸

---

① 从行业角度看,水利管理业,环境管理业,公共设施管理业,教育,卫生,社会福利业,公共管理、社会保障和社会组织等具有公益性质,属于营业税的特殊行业部门,在此暂不做考虑。

搬运和其他运输服务业的税负将由降转升,分别增加2.8%和0.4%(见图7-2)。

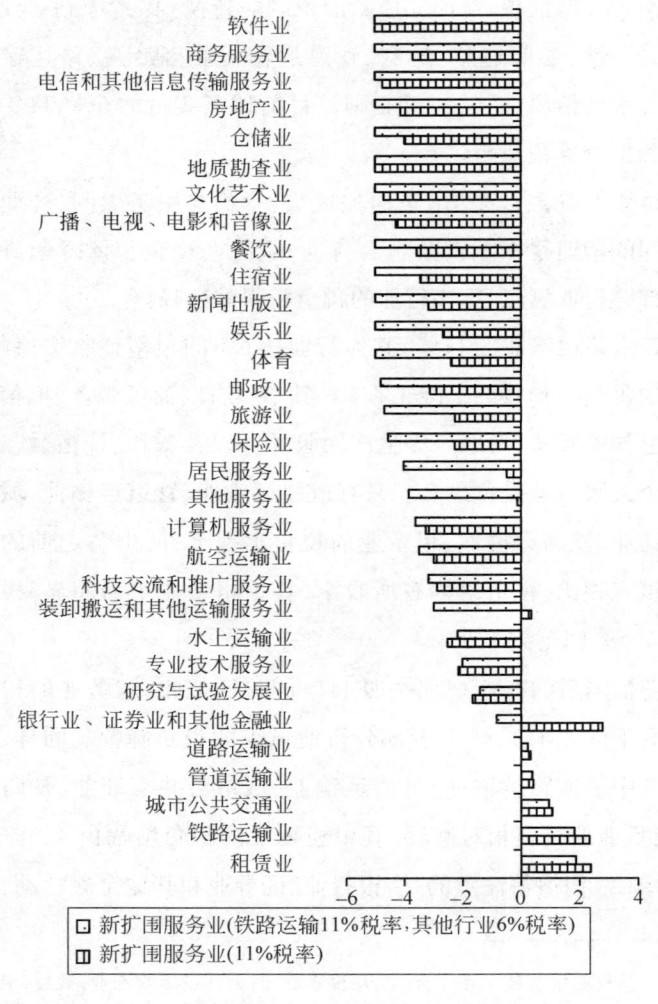

图7-2 "营改增"全面完成后服务行业税负变化

资料来源:根据《中国投入产出表2007》计算整理而成。

二、增值税改革后服务行业的产出变化

利用列昂惕夫需求拉动模型,在分析"营改增"试点行业产出增长情况的基础上,对增值税改革全面完成后服务业的增长效应进行研究。

(一)增值税改革后的税负变化通过一系列传导效应影响服务业增长

服务业全面实现"营改增"以后,更多服务行业的税负将得到减轻,对于提高企业盈利水平会产生积极影响。一般来讲,营业利润决定了某一行业未来的投资意愿和发展潜力。营业利润上升,将使企业对行业前景更有信心,吸引更多资本投入到后续的经营活动中,扩大投资需求,从而拉动包括服务业在内的各行业增长;同时,就业机会的增加还会提高劳动者报酬,刺激消费需求,进一步拉动行业增长。

不过,部分服务行业税负的降低,意味着企业当期缴纳税收的减少。如果其他税种收入保持不变,政府税收收入会有所下降,这将在一定程度上影响财政支出能力。在保障和改善民生方面的支出存在刚性的情况下,压减公务消费和其他行政开支将成为重点。而这方面政府消费的收缩,会相对减弱企业盈利增加所刺激的投

资需求和消费需求的增长。当然，这两方面对服务业增长的影响会存在力度和方向上的差别。

（二）增值税改革对服务业特别是生产性服务业增长的促进作用明显

利用列昂惕夫需求拉动模型，可以分析"营改增"对服务业增长的影响。①

---

① 基本的分析模型为：$X = (I - A^D)^{-1} Y^D$，X 为各行业总产出列向量，A^D 表示国内产品的直接消耗系数矩阵，$(I - A^D)^{-1}$ 为列昂惕夫逆矩阵，Y^D 表示国内产品的最终需求列向量。

在生产经营活动中，产出增长的同时带来劳动者报酬的增加，从而刺激消费需求，进一步拉动产出增长。因此，还需要考虑居民消费对产出的影响。为此，将居民单独作为部门间相互关系中的一个部门列出，即在投入产出表第Ⅰ象限中将居民部门列为第 $n+1$ 个部门，将直接消耗系数矩阵扩展为 $(n+1) \times (n+1)$ 的矩阵。故基本模型可调整为 $X^* = (I - A^*)^{-1} Y^*$。其中，$X^* = \begin{bmatrix} X \\ x_{n+1} \end{bmatrix}$，$x_{n+1}$ 为劳动者报酬；$A^* = \begin{bmatrix} A^D & C^D \\ W & 0 \end{bmatrix}$，$C^D$ 为各居民部门对各部门消费量占居民消费总量比重的列向量，W 为各部门劳动者报酬占各部门总产出比重的行向量；$Y^* = \begin{bmatrix} \tilde{Y} \\ \gamma^* \end{bmatrix}$，$\tilde{Y}$ 表示除居民消费以外的其他最终需求列向量，γ^* 为与劳动者报酬对应的非居民消费，一般不予考虑。

将 $(I - A^*)^{-1}$ 分块，可得 $\begin{bmatrix} X \\ x_{n+1} \end{bmatrix} = \begin{bmatrix} L_{11}^* & L_{12}^* \\ L_{21}^* & L_{22}^* \end{bmatrix} \times \begin{bmatrix} \tilde{Y} \\ \gamma^* \end{bmatrix}$，进一步整理得 $X = L_{11}^* \times \tilde{Y}$。其中，$L_{11}^*$ 为剔除进口并且将居民部门纳入生产过程的列昂惕夫逆矩阵，一般用 B^* 表示，$\tilde{Y}$ 为居民消费以外的最终需求，包括政府消费 G、资本形成 I 和出口 EM。因此，$X = B^* \times \tilde{Y} = B^* \times (G + I + EM)$。当部门之间的相互关联程度保持不变，并且出口量和出口结构保持不变时，则 $\Delta X = B^* \times \Delta \tilde{Y} = B^* \times (\Delta G + \Delta I)$。

假定各服务行业劳动力的投入不变,企业盈余变化所影响的投资指的是对劳动力以外的其他生产要素的需求变化。这里,首先要确定各服务行业的盈余变化情况。根据现有的生产消耗结构对盈余的变化量进行调整,可以得到每个行业由于盈余增减而产生的对各种生产要素的消耗量,该消耗量即为盈余变化而引发的投资需求。综合所有服务行业盈余变化引发的投资需求,即得到盈余总变化所导致的投资总需求。

在当前部分行业进行"营改增"试点的情况下,包括服务业在内的各行业营业盈余总水平增长了1227.6亿元。"营改增"全面完成后,若铁路运输业按11%、其他行业按6%的税率征收,则各行业营业盈余总水平将增长3485.7亿元;若扩围后的行业全部按11%的税率征收,则各行业营业盈余总水平将增长2074.5亿元。可见,营业盈余增加后,将引发各服务行业投资出现不同程度的增长(见图7-3)。

另外,假定税收减少引起财政支出的减少主要体现在政府消费(公务消费及其他行政开支)上,即压缩政府机关及其职能部门的经费支出和活动费用,反映到投入产出表中则体现在社会管理和社会组织行业上。

从结果看,税负变化使得服务业企业盈余水平提高,上缴税收减少,相应导致服务业的投资增长,政府消费减少。尽管两者对服务业增长的影响是反向的,但最终服务业总产出呈上升趋势。值得一提的是,"营改增"全面完成后,除铁路运输业按11%的税率,其他新扩围的行业若选择6%的税率,对服务业增长的促进作用更为显著(见表7-3)。

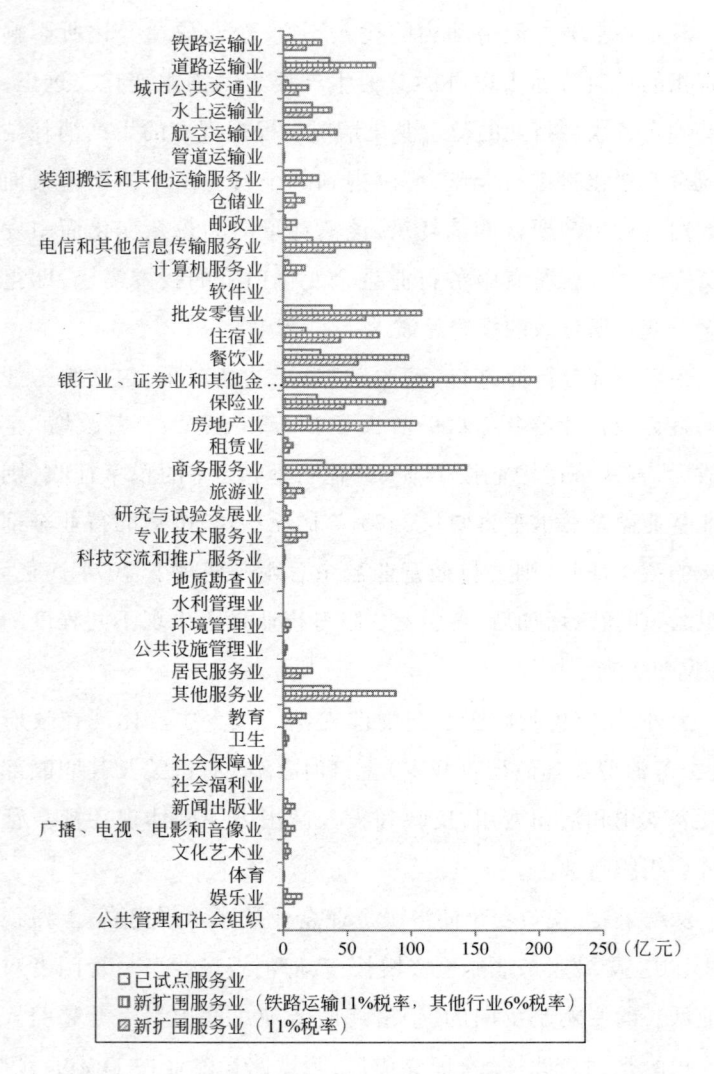

图 7-3 "营改增"税负变化后盈余增加引发的投资增长

资料来源：根据《中国投入产出表2007》计算整理而成。

表7-3 "营改增"税负变化对服务业产出的影响

（单位：亿元）

类别		部分行业"营改增"	"营改增"全面完成	
			新扩围（铁路运输11%，其他行业6%税率）	新扩围（11%税率）
服务业产出的变化		399.7	2592.9	1393.8
营业盈余上缴税收	引发的投资总额变化	1227.6	3485.7	2074.5
	由投资变化引发的产出变化	3083.9	8674.7	5162.1
	引发的政府消费变化	-1227.6	-3485.7	-2074.5
	由政府消费变化引发的产出变化	-2684.2	-6081.8	-3768.3

资料来源：根据《中国投入产出表2007》计算整理而成。

行业间的相互关联性使得税负变化对各个服务行业产出增长的影响不同。总体上讲，"营改增"对生产性服务业增长的促进最为明显，其次是流通性服务业。分别来看，当"营改增"在部分行业试点时，批发零售业，商务服务业，银行业、证券业和其他金融活动，仓储业，房地产业，保险业，专业技术服务业等行业的产出增长明显。① 而当"营改增"全面完成后，若铁路运输业按11%、其他行业按6%的税率征收，银行业、证券业和其他金融活动，批发零售业，商务服务业，房地产业，保险业，铁路运输业，电信和其他信息传输服务业，装卸搬运和其他运输服务业等行业产出增长更多；若扩围后的行业全部按照11%的税率征收，则是批发零售业，商务服务业，银行业、证券业和其他金融活动，房地产业，保险业，仓储业，

---

① 从2013、2014年发展情况看，流通性服务业中的批发零售业、生产性服务业中的金融业在主要服务行业中增速最快。其中，批发零售业的实际增速分别为10.5%和9.5%，金融业的实际增速分别为10.6%和9.7%。

电信和其他信息传输服务业,计算机服务业等行业产出增长更为显著(见图7-4)。

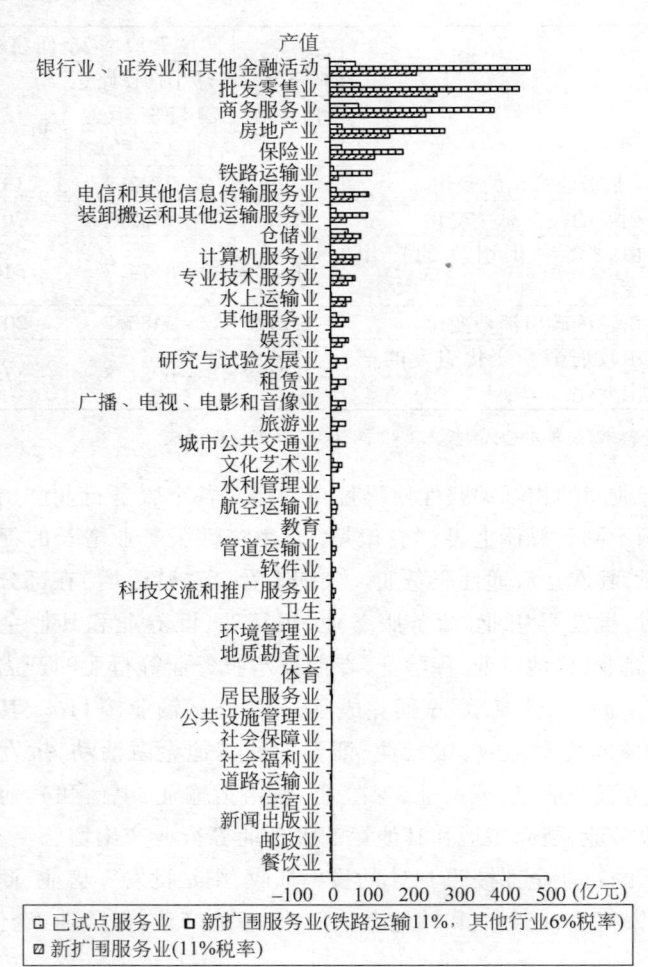

图7-4 "营改增"税负变化对各服务行业产出的影响

资料来源:根据《中国投入产出表2007》计算整理而成。

第八章　国外增值税制度的实践及对我国的启示

增值税的最初设想源于第一次世界大战后期德国隆西蒙斯（Von Slemens）和美国亚当斯（Adams）的学说。① 自20世纪50年代在法国最先开征以来，增值税制的全球化趋势不断增强，因其具有税收中性、消除重复课税、促进专业化分工等优势，逐渐被认可和引用。截至目前，已有超过180个国家和地区开征了增值税。尽管不同国家现代化进程、财税体制等差异很大，增值税制度的建立和发展演变还是具有很多共性特征，代表性国家增值税制度的设计与调整，为我国深化服务业增值税改革提供了可借鉴的经验。

一、各国增值税制度演变的主要特征

作为当今世界公认的良性税种之一，增值税制度在60多年的普及和推广过程中，自身也发生了不少变化，呈现出明显的特点。

---

① 针对第一次世界大战后经济的恢复重建，一些学者对当时各国实行的周转税制提出了改革建议。1917年，美国的经济学教授亚当斯在国家税务学会报告中，提出了对增值额征税的概念，认为对营业毛利课税比对利润课税好得多。几乎与此同时，德国的隆西蒙斯也在其所著的《改进的周转税》中，提出了增值税的内容，并建议以此替代多阶段课征的营业税。

(一) 增值税的设立、课征范围与经济发展阶段相关联

除财政体制和税收权限之外,经济发展水平、社会化分工程度是决定一国是否实行增值税制度的主要原因。① 法国作为最早将增值税制度付诸实践的国家,第二次世界大战后,在工业投资迅猛增长的带动下,国民经济得以快速恢复,客观上要求改变原有重复课征的全额流转税,以减轻企业税负,保持经济增长势头。此后,丹麦、德国、荷兰、瑞典、挪威、比利时、奥地利、意大利、英国等经济发展水平较高的国家于 20 世纪 60、70 年代也先后引入增值税制度。20 世纪 90 年代是增值税制度在世界范围大规模普及的时期,有 70 多个发展中国家和转轨国家陆续开征了增值税。

> **专栏6:为什么美国没有开征增值税**
>
> 作为拥有高度发达市场经济的美国,一直在历次国际税制改革潮流中处于引领地位,但却对有"良税"美誉的增值税争议颇多。
>
> 直观上看,美国没有开征增值税,是出于对零售销售税的路径依赖。美国现行的零售销售税是在 19 世纪初的营业税基础上演变而来的,目前已有 45 个州和哥伦比亚特区征收该税种。与其他许多国家推行增值税是为了取代重复征税严重的流转税不同,美国税基和税率的矛盾并不突出,各州的零售销

---

① 美国作为目前世界上少数不征收增值税的发达国家,有其特殊原因。

售税实行单环节征收,税率大多在 3%—7%,相对较低。加之这一税制简便易行,各方对以增值税替代零售销售税的诉求并不强。

联邦与州政府之间的矛盾是阻碍增值税制推行的深层次原因。在美国联邦制的政治体制下,联邦开征增值税被看作是对各州既有税权的侵蚀,因此会遭到强烈抵制。通常来讲,美国联邦与州之间的权限划分非常明确,联邦和州拥有各自的权力,任何一方都不得干预另一方行使权力。在征税权上,联邦与州都拥有独立的税收立法权。而且随着经济社会发展,双方逐渐形成了各自的税收体系和收入来源。联邦主要依赖于直接税,州主要依赖于销售税。

由于增值税在属性上适合于作为中央税,要求由中央集中税权,在全国范围统一征管。在这种情况下,如果联邦要开征增值税,将面临如何协调联邦与州之间征税权这样非常敏感的政治议题。首先,如果联邦开征增值税,而州仍然征收零售销售税,则会造成同一税基负担两种同一性质的流转税,存在重复征税。其次,如果取消各州的零售销售税,而在联邦开征增值税,则会导致州一级财政利益蒙受巨大损失。最后,如果采取折中的办法,在联邦和州同时开征增值税,而州取消销售税,则税权还是掌握在联邦手中,州仍同样没有立法权,并且由于各州之间销售税制有不少差异之处,不同层级政府之间的利益分配也是难题。

资料来源:摘自财政部财政科学研究所:《中国税收政策报告2013(营改增:牵一发而动全身的改革)》,中国财政经济出版社2013年版。

增值税制在各国实施过程中存在很大差异。总体上看,经济相对欠发达、税务管理水平不高的国家和地区,往往采取的是"有限型"增值税,仅覆盖部分或全部制造业产品和进口产品。由于征收范围过窄,增值税的中性作用难以充分发挥。而绝大多数发达国家和部分发展中国家设定了更宽泛的征收范围,涉及整个商品的生产、流通及其他服务行业,基本涵盖了创造增值额的所有环节。这种更为全面的消费型增值税,能够有效避免增值税链条的断裂或多税种并行的干扰,增强市场配置资源的决定性作用。

(二) 增值税征收覆盖劳务存在两类模式

在实行增值税制度的所有国家和地区中,对劳务的课征大体有以下两类不同的模式。

第一类,对劳务原则上普遍征收增值税,仅把少数劳务排除在增值税的税基之外。OECD大多数成员国采取了这一模式。第二类,对劳务的增值税课征采取正列举的方式,征税范围相对于前一类有所缩窄。以多数拉美国家和瑞典等个别发达国家为代表。

(三) 引入增值税后的标准税率呈动态上升趋势

在引入增值税制度时,各个国家和地区设定的增值税标准税率与所处的经济发展水平呈现负相关关系。也就是说,当人均GDP较低时,大多数国家和地区选择的是较高的标准税率,以筹集更多的税收收入;而当人均GDP提高时,越来越多的国家和地区倾向于采用较低的标准税率。如果以人均GDP为10000国际元为界限,引入增值税制度时低于这一收入水平的国家和地区,选择的标准税率平均为15.3%;而高于这一收入水平的国家和地区,采用的标准税率均值为10.8%(见图8-1)。

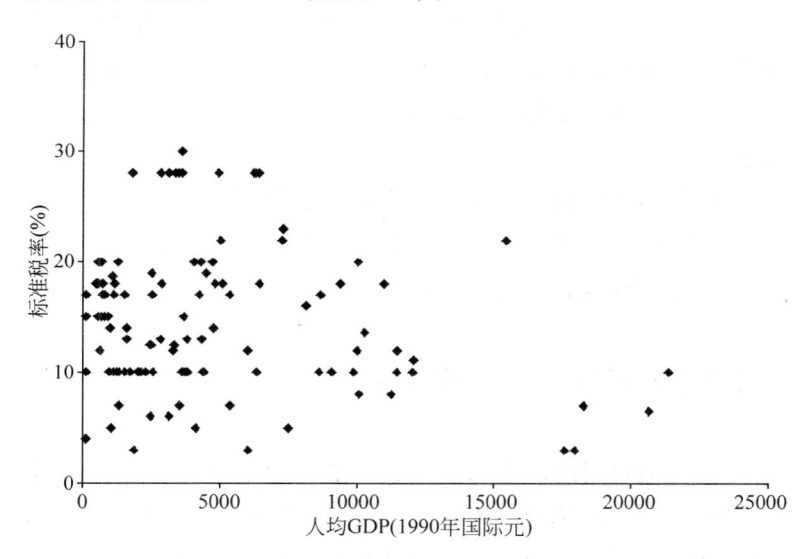

图8-1 不同国家引入增值税制度时标准税率与人均GDP的关系
资料来源:国际财政文献局、Maddison 数据库。

从长期来看,增值税标准税率是动态调整的,且呈现出一定的上升趋势。以 OECD 国家为例,1975 年各成员国增值税标准税率平均为15.3%,1995 年上升至17.7%,此后维持了十多年的相对稳定;近年来又出现持续上升,由 2009 年的 17.6% 提高到 2015 年的 19.2%。1975 年实行增值税的 OECD 国家中,高于平均标准税率的有奥地利、荷兰、瑞典、比利时、爱尔兰、法国和挪威 7 个国家,其中,法国、挪威的标准税率最高,达到20%;而英国标准税率最低,仅是 8%。40 年后的 2015 年,英国、奥地利、法国、爱沙尼亚、斯洛伐克、荷兰、比利时、捷克、西班牙、意大利、斯洛文尼亚、爱尔兰、希腊、波兰、葡萄牙、芬兰、冰岛、丹麦、瑞典、挪威、匈牙利共21个国家的增值税标准税率高于平均值,最高的匈牙利达到27%;而最低的加拿大仅为5%。值得注意的是,只有澳大利亚、韩国的增值税标准税率自开征以来从未变动过,而加拿大的增值税标准税率则由20世纪90年中期的7%下降到2008年的5%,并持续至今(见表8-1)。

之所以出现增值税标准税率的上升趋势,主要是各国为弥补在所得税制改革方面造成的财力损失;同时,缓解因2008年国际金融危机重创导致的财政赤字压力。

(四)增值税税率档次趋向简单化

随着增值税制度的不断成熟和规范,简并税率档次成为很多国家和地区的一致选择。2013年,在全球实行增值税制度的国家和地区当中,实行单一税率(不包括零税率)的共有86个,所占比重达到48.3%,其中,代表性国家和地区有澳大利亚、新西兰、丹麦、加拿大、智利、日本、韩国、新加坡、以色列、南非等。实行两档税率的有42个,占比为23.6%,代表性国家和地区有德国、荷兰、英国、奥地利、俄罗斯、捷克、越南、墨西哥、委内瑞拉、乌拉圭等。实行三档税率的有39个,占比为21.9%,代表性国家和地区有比利时、意大利、西班牙、瑞典、芬兰、希腊、挪威、波兰、印度、阿根廷等。实行四档税率仅为7个,分别是法国、摩洛哥、卢森堡、中国、巴基斯坦、也门、科摩罗。另外,还有爱尔兰、孟加拉国、埃及、哥伦比亚4个国家实行的是五档及以上税率(见表8-2)。

表 8-1　1975—2015 年 OECD 国家增值税标准税率

(%)

国家	1975	1980	1985	1990	1995	2000	2005	2006	2007	2008	2009	2010	2011	2012	2013	2014	2015
澳大利亚	-	-	-	-	-	-	10.0	10.0	10.0	10.0	10.0	10.0	10.0	10.0	10.0	10.0	10.0
奥地利	16.0	18.0	20.0	20.0	20.0	20.0	20.0	20.0	20.0	20.0	20.0	20.0	20.0	20.0	20.0	20.0	20.0
比利时	18.0	16.0	19.0	19.0	20.5	21.0	21.0	21.0	21.0	21.0	21.0	21.0	21.0	21.0	21.0	21.0	21.0
加拿大	-	-	-	-	7.0	7.0	7.0	7.0	6.0	5.0	5.0	5.0	5.0	5.0	5.0	5.0	5.0
智利	-	20.0	20.0	16.0	18.0	18.0	19.0	19.0	19.0	19.0	19.0	19.0	19.0	19.0	19.0	19.0	19.0
捷克	-	-	-	-	22.0	22.0	19.0	19.0	19.0	19.0	19.0	20.0	20.0	20.0	21.0	21.0	21.0
丹麦	15.0	20.25	22.0	22.0	25.0	25.0	25.0	25.0	25.0	25.0	25.0	25.0	25.0	25.0	25.0	25.0	25.0
爱沙尼亚	-	-	-	-	18.0	18.0	18.0	18.0	18.0	18.0	18.0	20.0	20.0	20.0	20.0	20.0	20.0
芬兰	-	-	-	-	22.0	22.0	22.0	22.0	22.0	22.0	22.0	22.0	23.0	23.0	24.0	24.0	24.0
法国	20.0	17.6	18.6	18.6	20.6	20.6	19.6	19.6	19.6	19.6	19.6	19.6	19.6	19.6	19.6	20.0	20.0
德国	11.0	13.0	14.0	14.0	15.0	16.0	16.0	16.0	19.0	19.0	19.0	19.0	19.0	19.0	19.0	19.0	19.0
希腊	-	-	-	18.0	18.0	18.0	18.0	19.0	19.0	19.0	19.0	19.0	23.0	23.0	23.0	23.0	23.0
匈牙利	-	-	-	25.0	25.0	25.0	25.0	20.0	20.0	20.0	25.0	25.0	25.0	27.0	27.0	27.0	27.0
冰岛	-	-	-	22.0	24.5	24.5	24.5	24.5	24.5	24.5	24.5	25.5	25.5	25.5	25.5	25.5	24.0
爱尔兰	19.5	20.0	23.0	23.0	21.0	21.0	21.0	21.0	21.0	21.0	21.5	21.0	21.0	23.0	23.0	23.0	23.0
以色列	-	12.0	15.0	15.0	17.0	17.0	17.0	16.5	15.5	15.5	15.5	16.0	16.0	16.0	17.0	18.0	18.0
意大利	12.0	14.0	18.0	19.0	19.0	20.0	20.0	20.0	20.0	20.0	20.0	20.0	20.0	21.0	22.0	22.0	22.0
日本	-	-	-	3.0	3.0	5.0	5.0	5.0	5.0	5.0	5.0	5.0	5.0	5.0	5.0	5.0	8.0

续表

国家	1975	1980	1985	1990	1995	2000	2005	2006	2007	2008	2009	2010	2011	2012	2013	2014	2015
韩国	-	10.0	10.0	10.0	10.0	10.0	10.0	10.0	10.0	10.0	10.0	10.0	10.0	10.0	10.0	10.0	10.0
卢森堡	10.0	10.0	12.0	12.0	15.0	15.0	15.0	15.0	15.0	15.0	15.0	15.0	15.0	15.0	15.0	15.0	17.0
墨西哥	-	10.0	15.0	15.0	10.0	15.0	15.0	15.0	15.0	15.0	15.0	16.0	16.0	16.0	16.0	16.0	16.0
荷兰	16.0	18.0	19.0	18.5	17.5	17.5	19.0	19.0	19.0	19.0	19.0	19.0	19.0	19.0	21.0	21.0	21.0
新西兰	-	-	-	12.5	12.5	12.5	12.5	12.5	12.5	12.5	12.5	12.5	15.0	15.0	15.0	15.0	15.0
挪威	20.0	20.0	20.0	20.0	23.0	23.0	25.0	25.0	25.0	25.0	25.0	25.0	25.0	25.0	25.0	25.0	25.0
波兰	-	-	-	-	22.0	22.0	22.0	22.0	22.0	22.0	22.0	22.0	23.0	23.0	23.0	23.0	23.0
葡萄牙	-	-	-	17.0	17.0	17.0	19.0	21.0	21.0	21.0	20.0	23.0	23.0	23.0	23.0	23.0	23.0
斯洛伐克	-	-	-	-	25.0	23.0	19.0	19.0	19.0	19.0	19.0	19.0	20.0	20.0	20.0	20.0	20.0
斯洛文尼亚	-	-	-	-	-	19.0	20.0	20.0	20.0	20.0	20.0	20.0	20.0	20.0	20.0	22.0	22.0
西班牙	-	-	-	12.0	16.0	16.0	16.0	16.0	16.0	16.0	16.0	16.0	18.0	18.0	21.0	21.0	21.0
瑞典	17.7	23.5	23.5	23.5	25.0	25.0	25.0	25.0	25.0	25.0	25.0	25.0	25.0	25.0	25.0	25.0	25.0
瑞士	-	-	-	-	6.5	7.5	7.6	7.6	7.6	7.6	7.6	7.6	8.0	8.0	8.0	8.0	8.0
土耳其	-	-	10.0	10.0	15.0	17.0	18.0	18.0	18.0	18.0	18.0	18.0	18.0	18.0	18.0	18.0	18.0
英国	8.0	15.0	15.0	15.0	17.5	17.5	17.5	17.5	17.5	17.5	15.0	17.5	20.0	20.0	20.0	20.0	20.0
算术平均值	15.3	16.1	17.3	16.7	17.7	18.0	17.8	17.7	17.8	17.7	17.6	18.0	18.5	18.7	19.0	19.1	19.2

资料来源：OECD 税收数据库。

表8-2 目前实行增值税制度的国家和地区采用的税率档次

税率档次	单一档	两档	三档	四档	五档及以上
国家和地区数量（个）	86	42	39	7	4
所占比重（%）	48.3	23.6	21.9	3.9	2.3
代表性国家和地区	澳大利亚、新西兰、丹麦、加拿大、智利、日本、韩国、新加坡、以色列、南非	德国、荷兰、英国、奥地利、俄罗斯、捷克、越南、墨西哥、委内瑞拉、乌拉圭	比利时、意大利、西班牙、瑞典、芬兰、希腊、挪威、波兰、印度、阿根廷	法国、摩洛哥、卢森堡、中国、巴基斯坦、也门、科摩罗	爱尔兰、孟加拉国、埃及、哥伦比亚

资料来源:《中国税务年鉴2013》。

从地域上看,实行增值税单一税率的国家和地区主要分布在亚洲、非洲以及大洋洲。欧盟除丹麦实行单一税率之外,其余成员国实行的均是多档税率。①

---

① 受法国最先实行多档税率增值税制度的影响,欧盟成员国大都采用标准税率之外再加低税率的办法。虽然欧盟也曾考虑采用单一税率,但欧盟增值税法的修改需要征得全体成员国的一致同意,这个严格的制度阻碍了单一税率的推行。从实践来看,欧盟实行多档税率的效果并不理想。为保证足够的财政收入,成员国在实行低税率的同时,必须把标准税率维持在较高水平。平均20%的标准税率和平均8%的低税率相差过大,激发了企业的避税动机,欧盟成员国为此制定了许多补充性法规来解释低税率的适用范围和对象,导致征管成本上升(参见谭郁森、朱为群:"增值税改革的税率选择",《税务研究》2013年第1期,第51—54页)。

二、代表性国家增值税制度的比较

选取法国、澳大利亚、日本和韩国四个典型国家,可以对其增值税制度的建立和主要内容进行对比。

(一)法国增值税制度的建立和主要内容

法国于 1954 年正式开征增值税,最初只是对工业生产和商品批发环节征收,后来考虑到税负公平等因素,逐渐扩大了增值税的覆盖范围。1966 年和 1978 年,法国先后将商品零售环节和农业、自由职业者分别纳入到增值税征收体系。目前,法国增值税的征收范围涵盖了农业、工业、商业、交通、服务等所有产业部门,即法国境内从事有偿提供商品和服务活动的企业和个人都要缴纳增值税。除一般性应税行为外,法国税法还规定了一些特殊交易行为也属于增值税征收范围。例如,只要商品进入法国,即使没有发生所有权转移或权益交换,也视为进口业务发生,列入增值税征收范围。可见,法国增值税是一种全面的增值税制度,其收入占全部中央税收入的 50% 左右。

法国增值税法规定,增值税为价外税,税基等于交易的实际价格,即以买方支付的总金额为税基进行征收,卖方以任何方式提供的额外降价(打折优惠、回扣、补偿、佣金等)都可从税基中予以扣除。另外,法国对某些特殊的交易采取了固定税基的方法,如不动产交易、运输交易等,并对这种税基根据前期交易额核定后的本期税基进行动态调整。

法国的增值税设有多档税率。一段时间以来,标准税率为19.6%,两档低税率为5.5%和2.1%。标准税率适用于除低税率适用范围之外的交易活动;低税率5.5%主要适用于生活必需品,包括大部分食品、农产品、动物饲料、社会保险不负担的医疗产品、书籍、为执行廉租住房政策而发生的不动产交易、对持有超过两年的主要住所进行的维修装修、餐厅提供的堂食服务(酒精饮品除外)等;低税率2.1%主要适用于报纸杂志、医疗保险负担的药品、某些音乐演出等。需要说明的是,自2012年开始,法国新增了一档7%的税率,适用于原来按5.5%税率征收的部分商品,如快餐食品等。而从2014年开始,增值税税率又分别从19.6%、7%、5.5%调整为20%、10%、5%,2.1%的税率则维持不变。

法国的增值税免税规定包括两大类。一类是全面性免税,即适用零税率。主要包括出口商品以及进口后又用于出口的商品,这类商品在该环节不征收增值税,而且以前各环节所缴纳的增值税均予以抵扣。另一类是一般性免税。主要是指那些能够直接进入最终消费环节、属于基本生活需要的商品和服务,例如某些农产品、报纸及定期刊物的销售,有价证券,保险业者的交易等。这类商品和服务只免缴本环节的增值税,而该交易所对应的进项税则无法抵扣。

另外,法国增值税起征点的规定是:从事提供商品或餐饮服务的纳税人上一年度营业收入不超过81500欧元;作家、艺术家、演员、律师等自由职业者收入不超过42300欧元;提供其他服务的纳税人营业收入不超过32600欧元。低于起征点的纳税人可以免缴增值税,也可选择自愿缴纳。

(二)澳大利亚增值税制度的建立和主要内容

澳大利亚的增值税也被称为货物和劳务税(Goods and Services Tax,简称 GST)。20 世纪 90 年代后期,澳大利亚联邦政府着手改革税制,于 2000 年 7 月正式推出货物和劳务税,取代了原先的销售税;与此同时,还取消了金融税、遗产税等税种,并调高了企业所得税起征点,使得整个税制体系得到一定程度的简化。

在澳大利亚,货物和劳务税涵盖的内容非常广。凡在该国境内从事除金融之外的一切货物和劳务销售(包括销售不动产、无形资产以及进口货物和劳务)全部纳入征收范围。货物和劳务税的纳税人为开展经营的实体。"经营"的含义是指从事企业经营、交易性质的投机活动、出租或特许经营某项财产,但不包括个人以雇员身份进行的活动、私人业余爱好等。"实体"主要包括法人团体、合伙企业、其他非公司形式团体或个人组织、信托投资公司、养老基金、政治团体等。

澳大利亚规定,凡经营实体的年销售额超过 7.5 万澳元,必须进行纳税登记,非营利性实体年销售额超过 15 万澳元,也必须进行登记;而年销售额低于上述限额的实体,可免予登记或自行选择是否登记。这里的"年销售额"是指该实体在 12 个月的期间内所发生应税行为的总价值。

澳大利亚货物和劳务税实行全国统一的 10% 的单一税率,在货物、劳务实现销售环节或货物实际发出环节征收。除酒店提供长租业务可享受税基减半优惠之外,其他应税行为均无低税率。不过,澳大利亚规定了以下交易适用零税率:出口和在澳大利亚境外的交易、慈善机构的非营利性活动、健康、教育、儿童保育、境内免税品、政府授予的不动产保有权和类似的权益、耕地、残疾人用车、某些情况下的贵金属交易、基础食品。另外,将金融产品提供、住房出租和出售、贵金属交易作为免征货物和劳务税的项目。如果一项交易既可以作为免税项目,也适用于零税率,那么通常按后者计征。

澳大利亚还规定了一些不允许在进项税额中抵扣的项目,包括:罚款,家庭开支,家属的旅行费用,休闲娱乐健身费用,非员工的娱乐费用,非强制的制服费用,对外提供的不可扣除的非货币性商业利益,自由职业者、合伙公司和信托公司的停车费用。

值得一提的是,允许企业成立货物和劳务税组(GST group)是澳大利亚税法的一大特点。具体来看,控股集团可在其控股90%以上的企业间组建货物和劳务税组,汇总缴纳税收。整个货物和劳务税组被视为一个企业,纳税代表可对组内各成员的购买和销售进行汇总,统一确认进项和销项,统一申报纳税。虽然纳税代表代替组内其他成员统一进行进项税额抵扣,但购进的货物和劳务税发票不是开给纳税代表的,而是开给真正发生购买行为的各个成员。根据规定,每一成员都必须是货物和劳务税登记注册纳税人,且申报纳税期相同、会计记账方式一致、未参加其他货物和劳务税组。如果组内有成员加入或退出,须向澳大利亚税务局进行申报。实行汇总纳税后,组内成员之间的购买和销售行为不用缴纳货物和劳务税,也无需税务发票,有利于简化纳税申报手续、降低企业经营成本,同时也便于税务机关的征管。

(三)日本增值税制度的建立和主要内容

在日本,对商品和劳务增值额课征的税种称为消费税。20世纪70年代以来,随着日本经济持续颓势,原有以直接税为主、间接税为辅的税制体系难以保证税收收入的稳定增长。为克服财政赤字,历届内阁多次提出征收消费税的议案,并最终于1989年4月正式开征。

根据日本的消费税法,经营者在国内开展的有偿转让、借贷资产、提供服务以及进口国外商品,须缴纳消费税。这里的"经营者"既包括个人独资企业和法人,也包括居民个人(当从保税区取得应税货物时即作为纳税义务人)。通常来讲,经营者向消费者提供的价格标签、广告册或商品目录中所标示的价格信息,必须是包含消费税额在内的价格总额。

日本也是实行单一的消费税税率。自开征以来的8年时间,消费税税率一直是3%。1997年4月,为缓解财政困境,日本政府将消费税税率调到5%。其中,中央政府的份额为4%,另有1%归属地方。时隔17年之后,2014年4月,日本政府再次将消费税税率由5%上调至8%,以增加财政收入,用于社会保障及育婴、教育等方面的公共服务支出。

日本消费税法规定,免征消费税的交易主要有两大类。一类是从其交易性质看不易纳入征收对象的货物和劳务,包括:土地的转让与租赁,货币借贷及其他金融交易,邮票、印花转让,各级政府和公共服务机构的许可费和登记费,国际邮政汇兑及转账等。另一类是从政策方面考虑不纳入征收对象的货物和劳务,包括:在公共医疗服务机构中从事的医疗服务，法律规定提供的特定护理服务，社会福利服务，经营者从事的类似于社会福利服务的资产转让行为，婴儿分娩、埋葬和火葬服务，专门为残疾人设计的具有特别设备、功能的设施的转让或租赁，教育服务，教学用图书的转让，住房租赁。

为减轻中小企业的负担，日本政府规定对年应纳税销售额不超过 1000 万日元的企业，可以在该纳税期间销售应税资产时免予缴纳消费税。同时，对年应纳税销售额不超过 5000 万日元的企业，制定了简易征收制度。适用这种制度时，不再计算进货价格中所含的实际税额，而是以营业额为基础计算出相应税额，乘以一定的设定进货率（按批发业、零售业、制造业、服务业及其他行业划分，分别规定不同的设定进货率），将其所得金额视为应扣除的实际进货税额。

（四）韩国增值税制度的建立和主要内容

20 世纪 70 年代以来，韩国通过建立纳税登记管理制度、宣讲增值税法、开展纳税辅导等一系列措施推进税制改革，将 8 种不同的间接税简并为增值税，并从 1977 年 7 月正式开征。

总体上看，韩国实行的是消费型增值税制度，即对纳税人购入的所有货物和劳务所含的增值税均予以扣除。增值税纳税人为在韩国境内销售及进口货物、提供劳务的个人、公司、社团、基金会或其他非法人组织。其中，销售货物包括商品、原材料、机械、建筑物以及动力、热力等；进口货物即从国外抵达韩国的货物；提供劳务涵盖建筑、酒店住宿、交通运输、银行保险、通信业、不动产和租赁服务、修理和个人服务、家政服务、文化娱乐体育服务、教育服务、健康和社会福利、公共管理、国防和社会安全管理以及国际组织服务等。

韩国的增值税实行10%的单一税率,在价外征收。出口商品、在境外提供的劳务、国际运输业务、为赚取外汇而提供的商品和劳务、军工企业生产的军事装备等,适用零税率。另外,韩国还对上一年度销售累计不超过4800万韩元的个人纳税人采取简易征收办法。

除此之外,韩国还规定四类可免征增值税的项目。一是基本生活必需品和劳务,主要包括:未加工食品和根据增值税法规定的不用作食品的农产品、畜产品、海产品和林产品,自来水,煤球和无烟煤,客运服务(空运、公交快递、公交包租、出租车、特种汽车和特种船舶除外)。二是社会福利服务,主要是医疗保健服务和增值税法规定的教育服务。三是与文化有关的货物与劳务,包括:书、报纸、杂志、公报、通信和广播(不包括广告)、艺术作品、非营利性文化艺术活动和非职业体育运动,图书馆、科技馆、博物馆、艺术馆和植物园的门票。四是其他货物和劳务,例如:邮票(不包括集邮品)、印花税票、证书、彩票、公共电话卡,学术、技术研究服务,宗教、慈善、科学机构及其他公益团体提供的货物和劳务,政府部门提供的货物或劳务,免费向政府、公益团体提供的货物或劳务,住房和不超过住房面积5—10倍的附属土地的出租,金融保险服务等。以上项目虽然免征增值税,但其进项税额不能扣除。当然,纳税人也可选择放弃免税以获得进项抵扣资格。

三、国外增值税制度的经验借鉴

梳理各国增值税制度的演变特点以及比较代表性国家增值税制度的主要内容，对推进我国服务业增值税改革大有益处。

（一）逐步拓展征税范围并向普遍性征收转变

从理论上讲，最佳的增值税制度应该实现对所有交易领域的普遍征收，这样范围广泛的增值税才能彻底消除重复征税，防止增值税抵扣链条的断裂及多税种并存的复杂性，实现增值税的自我内控机制。不过现实中，因不同国家基本国情和发展阶段的差别，很难实现这样的理想状态。即使目前已实行全面的消费型增值税的国家和地区，也都是在局部型增值税的基础上随着条件的成熟不断扩大增值税征收范围，逐步向普遍性征收过渡。

（二）简化税率结构并保持税率水平适中

从大趋势上看，增值税税率档次越来越向着简单化方向发展，即使扩大增值税征收范围也不一定要靠多一档税率来迁就新增行业的特殊性。这有利于避免出现"高征低扣"或"低征高扣"，最大限度地防止税收扭曲。同时，适中的税率水平不仅可以为经济发展和民生改善提供相对充足的财力保障，还能够减少因税负高对市场主体良性发展的负面影响。如前所述，目前90%以上实行增值税的国家和地区通常是单一税率或只设两三档税率。同处亚洲的日本、韩国、新加坡等实行增值税单一税率的国家,其标准税率基本设定在10%以下。而不少国家和地区即使采用多档增值税税率,低档税率也普遍较低,一般为5%左右。

(三) 规范和压缩减免税项目以促进增值税中性

必要的增值税减免,有利于促进公平竞争。然而,大量存在的减免税项目则不利于保持增值税中性,造成增值税抵扣链条的不连续,还会给税收征管增加难度,甚至衍生出"权力寻租"的机会。为避免出现上述问题,很多国家和地区在实践中逐步规范并适当压缩了增值税减免项目,代之以其他财政政策工具对重点行业和领域进行必要扶持。

(四) 合理确定增值税纳税人组成结构

从开征增值税历史较长的国家和地区来看,合理界定增值税一般纳税人和小规模纳税人资格非常重要。一般来讲,小规模纳税人应占到所有增值税纳税人的60%左右。对于直接面向最终消费者的制造业、服务业小微企业及个体经营者,更多的是认定为小规模纳税人,而处在生产、流通中间环节的企业则通常认定为增值税一般纳税人。这样的做法既有利于延长增值税抵扣链条,也能在一定程度上弥补小微企业和个体经营者的竞争力不足。

第九章 深化我国服务业增值税改革的推进路径

顺应我国服务业未来发展趋势和要求,正确处理好结构性减税与财政增收压力、"放水养鱼"与规范监管、整体推进与重点突破、过渡性政策与长远制度设计四个方面的关系,并综合考虑宏观经济形势、财政收支状况、税收征管能力等现实因素,把握增值税扩围的节奏和次序,稳步实现增值税向营业税中占比大、改革涉及面广、利益调整复杂行业的全覆盖,从而使增值税在全社会各行业间连接成完整的抵扣网络,进一步释放税制改革红利,促进服务业扩量增质发展。

一、需要处理好的几个重要关系

"营改增"是一项举一役而贯全程的改革,同时也是一项谋一域而促全局的改革。① 为此,在全面推进改革试点的过程中,需要处理好以下几个关系。

---

① 王军:"营改增:打造中国经济升级版的一项重要战略举措",《求是》2013年第14期,第26—28页。

（一）处理好结构性减税与财政增收压力的关系

改革开放以来，我国税收收入增长呈现出明显的顺周期特征。近年来，受增长阶段转换和短期下行压力加大的共同影响，我国税收收入增幅明显回落。2014年，全国财政收入为140370.0亿元，其中各项税收合计119175.3亿元，比上年增长7.8%，增幅自2010年以后持续下滑，少见地未能完成年度预算任务（即使在2008和2009年，税收收入也都实现了年度预算超收）。值得注意的是，2014年国内增值税收入扣除"营改增"转移收入因素后同比仅增长2.5%，完成年度预算的98.6%；营业税考虑"营改增"收入转移因素后同比增长10.1%，完成年度预算的95.0%。另外，我国税收收入占财政收入的比重也出现明显降低，2014年该比重仅为84.9%，比2004年下降6.6个百分点，比1994年更是减少13.4个百分点（见图9-1、图9-2）。而这与行政事业性收费、国有资源（资产）有偿使用收入、专项收入、国有资本经营收入、罚没收入等非税收入的快速增长直接相关。

"营改增"作为我国深化供给侧改革、推进结构性减税的主要举措，几年来的实际减税规模高于预期。根据财税部门的测算，2013年全部试点企业预计减轻税负约1200亿元，而实际上，当年减税额达到1402亿元。由于制度性减税对财政收入增长的影响具有长期性，在改征增值税的服务行业范围不断扩展的情况下，财

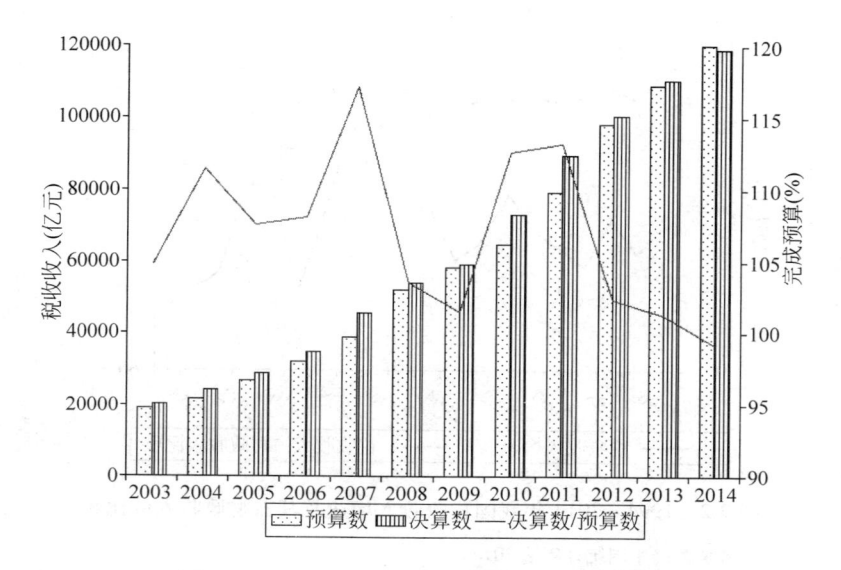

图 9-1 2003—2014 年我国税收收入完成情况

资料来源:根据相关年份的全国财政决算计算整理而成。

政收入开始成为比就业更早到来的增长约束①,未来财政支出可持续性、地方债务流动性风险等问题需要高度重视。另外,非税收入对财政收入的影响也不容忽视,特别是对地方财政的重要性更大,需要防止出现以非税收入的非正常过快增长来弥补税收增长乏力的现象,避免各类收费加重企业税外负担。

---

① 全国一些地区受定向减税和普遍性降费政策的影响,财政收支矛盾明显加大。从 2015 年财政预算报告反映的情况看,黑龙江省预计"营改增"范围进一步扩大会减少公共财政收入 30 亿元左右;湖南省预计"营改增"全面实施会直接拉低全省收入增幅 3 个百分点。从 2015 年上半年财政预算执行情况看,辽宁、山西等一些省份的一般公共预算收入同比出现负增长。

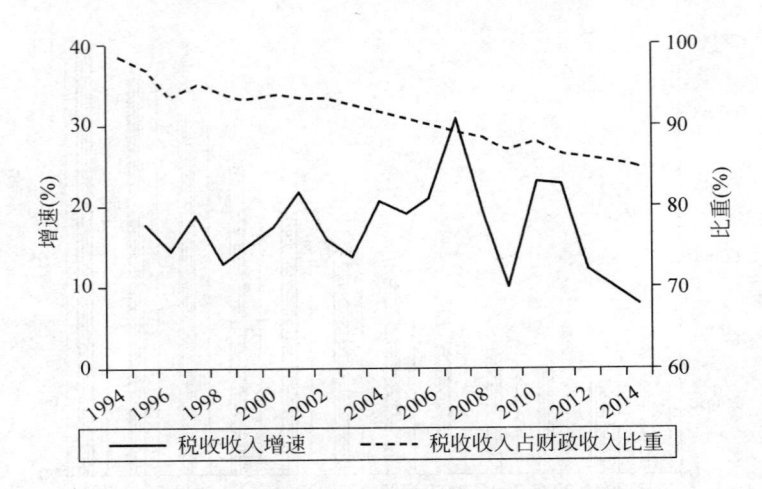

图 9-2　1994—2014 年我国税收收入增速及其占财政收入的比重
资料来源：《中国统计年鉴 2015》。

（二）处理好"放水养鱼"与规范监管的关系

短期上看，"营改增"使当前税收收入增幅有所降低；但长远来讲，在成为国民经济第一大产业后，服务业的增值税改革体现了税收中性原则，是营造公平统一税制环境的关键举措。这将会更好地发挥市场配置资源的决定性作用，促进分工的细化与专业化，释放微观主体的发展活力和创造力，提升服务业发展的质量及效益；同时，有利于培植税源，增加未来的税收收入。

尽管如此，试点过程中也应重视加强企业的纳税管理，特别是健全财务会计制度。与原有实行营业税不同，增值税通过规范的进销项税款抵扣机制，使得具有购销关系的纳税人之间相互牵制。作为购买方，为取得进项抵扣减轻纳税支出，必然会最大限度地向销售方索要增值税发票,从而使得销售方无法隐匿销售收入。增值税管理的内在约束机制,有利于规范和促进行业健康发展,也将对征管成本的降低起到积极作用。

(三) 处理好整体推进与重点突破的关系

目前来看,已实现改征增值税的服务行业还都是相对容易推进的,营业税收入中所占比重较大的房地产、建筑、金融保险、生活服务业等,由于涉及面广、利益调整复杂,每个都是"硬骨头",深化改革的难度明显加大。[1]

可见,确定"营改增"改革的时间表固然重要[2],但更关键的是,突出重点、分步有序地推进增值税改革。为此,要充分借鉴国际通行惯例,并吸收前期试点经验,综合考虑与上下游行业的关联程度和对分税制财政体制的影响程度,把握好扩围的节奏和次序。

---

[1] 目前,我国房地产业营业税收入占到营业税收入总额的近30%,金融业、建筑业营业税收入占比分别为18%、25%左右,住宿、餐饮业以及居民服务业营业税收入占比约为8%。

[2] 2015年3月5日,李克强总理在十二届全国人大三次会议上所作的《政府工作报告》中指出"力争全面完成'营改增'"。实际上,对于"营改增"的完成,社会上有两方面的不同意见。主流意见认为,将增值税完全取代营业税,从而最后取消营业税。但也有认为,"营改增"是要调减营业税而非取代营业税,将与货物生产销售相关的服务业(如建筑安装、交通运输等)改征增值税,而将关系并不紧密的行业(如餐饮业、旅店业、文化教育业、娱乐业、金融保险业等)继续征收营业税。这既不会对完善增值税抵扣链条产生大的影响,也有利于加强征管、降低征收成本。如果硬性规定完全改征增值税,将会造成部分服务行业税负上升。

(四)处理好过渡性政策与长远制度设计的关系

为使"营改增"顺利推进,在现有体制下,财税部门采取了若干特殊的政策安排。其中,改征增值税的收入虽然由国税系统负责征管,但征收之后仍归属地方财政。同时,还设立专项资金,用于补贴税负增加的部分试点企业。未来随着"营改增"的扩围,上述"修补式"的政策设计毕竟不是规范的安排,从长远看也难以持续。

总之,"营改增"的不断深化,已经远超出了税制改革本身的范畴,事关中央和地方利益分配关系的财政体制迫切需要进行新的制度设计。而后者则是深化财税体制改革、建立现代财政制度的重点内容,从更深层次上讲,还是推进国家治理体系和治理能力现代化的基础之一。①

二、推进服务业增值税全覆盖的次序选择

按照"统筹设计、突出重点、稳步推进"的思路,逐步弥合增值税抵扣链条,实现新旧税制的全面转换。

---

① 党的十八届三中全会通过的《关于全面深化改革若干重大问题的决定》指出,财政是国家治理的基础和重要支柱,科学的财税体制是优化资源配置、维护市场统一、促进社会公平、实现国家长治久安的制度保障。必须完善立法、明确事权、改革税制、稳定税负、透明预算、提高效率,建立现代财政制度,发挥中央和地方两个积极性。

（一）优先推动生产性服务业增值税改革

优先将生产性服务业改征增值税，既是着眼于中长期发展的需要，也具备纳入试点的经验基础。根据美国、法国、德国、日本、韩国等工业化国家相同发展阶段的典型化事实来判断，未来一段时期我国服务业处于加速发展阶段，特别是生产性服务业在"十二五"末超过流通性服务业、成为服务业内部第一大行业之后，将继续保持快速增长势头。从先期试点情况看，研发和技术服务、信息技术服务、物流辅助服务、有形动产租赁服务、鉴证咨询服务等行业，均属于生产性服务业范畴。可见，接下来的"营改增"优先考虑生产性服务业，既有必要性又有可行性。

由于金融业在整个产业链中的地位较为特殊，将该行业改征增值税，不仅要与国际惯例接轨，同时还要考虑我国当前金融监管、税收征管水平等因素。在对金融业课征增值税的制度设计中，需要细分行业类型。通过计算各服务行业及建筑业的中间投入率和中间使用率①发现，保险业的中间投入率、中间使用率高于所有

---

① 利用2007年全国135个部门的投入产出表，可计算得到全部服务行业及建筑业的中间投入率和中间使用率。其中，中间使用率和中间投入率均高于行业平均水平，即位于直角坐标系的第Ⅰ象限，这些行业具有中间品加工业性质，前、后向关联效应都比较强。第Ⅱ象限中的行业具有最终需求品加工业性质，中间投入率高于行业平均水平，中间使用率低于行业均值，即后向关联效应较强而前向关联效应较弱。第Ⅲ象限中的行业具有最终需求品基础产业性质，中间投入率和中间使用率均低于行业均值，前、后向关联效应都较低。第Ⅳ象限中的行业具有中间品基础产业性质，中间使用率高于行业均值，中间投入率低于行业平均水平，即前向关联效应较强而后向关联效应则较弱。

实行营业税的行业平均水平,表明"营改增"后该行业及其下游行业可抵扣项目都比较高。而银行业、证券业则是中间投入率较低而中间使用率较高,反映出该行业改征增值税后可获得的进项抵扣比例低于行业均值,而其下游行业可抵扣项目的比例高于行业平均水平(见图9-3)。

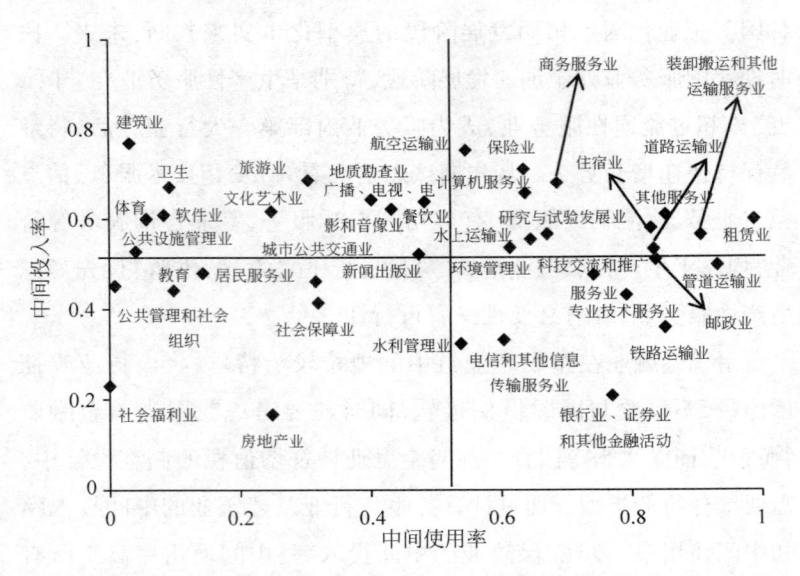

图9-3 我国各服务行业、建筑业中间使用率和中间投入率

资料来源:根据《中国投入产出表2007》计算整理而成。

另外,对于房地产业改征增值税,需要分两个阶段实现。不动产的上游行业是建筑业,而建筑业实行的也还是营业税,因此,首先要将建筑业纳入"营改增"。一旦建筑安装服务改征增值税,自然会顺势延伸到房地产业。其中,建筑业的中间投入率明显高于所有实行营业税的行业,表明"营改增"后可抵扣比例会高于全行业平均水平,并且建筑业所提供的服务几乎涉及所有行业领域,在推进该行业的增值税改革时,其可能发挥的减税效应较大。但由于建筑业的中间使用率很低,固定资本形成总额占比较高,而固定资本形成总额主要为不动产,包括房地产业存货及制造业厂房。这就需要将不动产转让一并进行"营改增"。值得关注的是,一旦增值税扩围到不动产转让,那么所有征收增值税的行业在不动产购进时的耗费就可进行抵扣,增值税抵扣链条将更为完整。据静态测算,如果将不动产纳入增值税抵扣范围,预计整体减税规模将达9000亿元左右。①

值得一提的是,与已完成改征增值税的其他生产性服务业相比,金融业、房地产业的"营改增"更具复杂性,还需审慎把握进度和节奏。②

(二)择机将增值税改革推至生活性服务业

与生产性服务业相比,生活性服务业具有特殊性。首先,生活性服务业提供的服务是用于最终消费,与居民日常生活紧密联系,产业链条相对较短。这一点与生产性服务业有着本质不同,由此决定了生活性服务业与其他产业之间的交叉和融合程度较低。其

---

① 2013年7月,财政部部长楼继伟在第五轮中美战略与经济对话框架下经济对话专题会议中表示,正在酝酿财政改革,其中将推进增值税完全转型,把不动产纳入增值税抵扣范围,预计减税9000亿元左右。

② 鉴于这些行业规模大、市场主体多、营业税收入高、影响范围广,为顺利推进改革,需要预留出更充分的准备时间。国际上看,很多国家推进增值税改革的准备期至少一年。

次，生活性服务业的生产环节相对单一，服务的提供与消费基本同步，服务对象的指向性也很明确。这一特点决定了服务费用的支付不像生产性服务业那样是大批量的，通常都是偶然的、一次性的。再次，生活性服务业维持正常生产所要求的最低生产规模不大，该类企业大部分是中小微企业，所提供服务的过程与劳动者行为密不可分，劳动密集型特征更为显著。

生活性服务的需求对象主要是消费者，不允许使用增值税专用发票，且很多人还没有消费后主动索要发票的习惯，对生活性服务业改征增值税不会影响消费者的购买行为。可见，生活性服务业"营改增"的迫切程度相对于生产性服务业要低很多。但考虑到简化现行税制和增强税收中性，增值税改革的全面完成也宜将生活性服务业囊括在内。

三、服务业全面改征增值税的税率设置

后续实现增值税对货物和服务的全覆盖，应在把握增值税中性与行业差别税率之间做出平衡。目前来看，"营改增"试点已新设了11%、6%的两档税率。考虑到行业间税负公平以及未来简并税率的趋势，不宜再新增税率。

根据第七章的测算，若铁路运输业按11%、其他行业按6%的税率征收增值税，服务业的总体税负下降幅度要大于扩围后的行业全部按照11%的税率征收时的税负降幅。因此，在政府财力状

况许可的情况下,应尽可能对新扩围的行业适用低税率。①

另外,为顺利推进增值税改革,对于生活性服务业的多数市场主体,可采取小规模纳税人的办法,实行增值税简易计税方法。而对于水利管理业、环境管理业、公共设施管理业、教育、卫生、社会福利业、公共管理、社会保障和社会组织等具有公益性质行业的市场主体,可参照此前适用的营业税政策以及国际经验,采取增值税免税政策。无须缴纳增值税,也不享受进项税抵扣。

---

① 对如何将金融服务纳入增值税的征收范围,各国做法并不相同,既有免税法也有特殊征税法。欧盟是免税法的代表,即只对一些直接收费的金融服务(如安全保管、业务咨询等)征收增值税,而对金融中介服务(如银行存贷等)和间接收费的金融服务(如货币结算、证券交易、保险等)给予免税处理。而其他一些国家对金融业采取特殊征税办法,即在无法衡量金融中介服务和间接收费的金融服务的销项税额时,给金融业企业进项税一定比例的抵扣,或采取零税率政策,可抵扣全部进项税额。特殊征税的目的是尽可能将金融业纳入增值税征收链条中,避免企业的理性决策受到扭曲。

第十章 进一步推动我国服务业增值税改革的建议

在推进增值税全面取代营业税的进程中,要注重发挥增值税改革对服务业增长及就业的促进效应,完成好进一步完善增值税税制、改革增值税中央和地方分配体制、实行增值税立法的"三部曲"。为此,应兼顾现实和长远发展要求,努力构建服务业与制造业相统筹的增值税制度,增强税制的中性化,最大限度地减少对市场行为的扭曲和效率损失;协同推进税收制度改革和财政体制改革,以适应现代市场经济发展要求,推动我国向以服务业为主导的经济结构转型。

一、发挥增值税改革对服务业增长及就业的促进效应

为有效发挥增值税改革对产业发展的作用,应着力优化纳税服务。站在企业的角度讲,相比于原先缴纳的营业税,增值税由于实行的是税款抵扣制,主营业务收入和主营业务成本的计税和核算发生很大变化,税收征管制度也更为严格。从目前进展情况看,很多一般纳税人对增值税制度不太熟悉,还不适应新税制的要求,出现进项成本"应抵未抵"的情况。为此,需要政府有关部门搭建有效的沟通平台,有针对性地开展政策解读和辅导。同时,进一步

整合财税系统的信息资源，提高涉税信息质量和传递效率，加快从"以票控税"向"信息管税"转变。

由于"营改增"后续推进的行业有些劳动力成本占比较高，需要关注对就业可能造成的负面影响。特别是随着经济增长阶段转换和发展方式转型，服务业不仅承担着保就业的关键角色，同时还是改善就业结构和质量的重要出路。这就要求在增值税改革中应充分考虑如何促进充分就业，为劳动密集、轻资产的服务行业发展营造良好环境，并借此拓展新兴服务领域，发展新兴服务业态，从而增强对高校毕业生、科技人员、农民工等群体的就业吸纳力和创业吸引力。

当然，增值税中劳动力成本不可抵扣既符合增值税一般原理，也是国际通行的做法。为此，建议对劳动密集且与民生需求紧密联系的服务行业尽可能采取低税率政策或直接采用简便征收税制。即使未来简并税率需重新确定各行业税率时，也有必要对这些行业予以特殊考虑，以有效发挥增值税的就业促进效应。

二、建立服务业与制造业相统筹的增值税制度

一是重新细化界定税收条例中的服务业税目分类。现行的营业税税目中单设"服务业"一项，包括代理业、旅店业、饮食业、旅游业、仓储业、租赁业、广告业等，并将其与交通运输业、邮电通信业、金融保险业、文化体育业、娱乐业等并列。严格来说，后面提及的行业也都属于服务业范畴，税目的边界划分存在不科学之处，致使实际操作中经常出现不同税目之间征税范围重叠的问题。为此，

建议根据各个服务行业性质及特点,结合税收征管实际,对税目分类进行重新界定,避免行业试点有先有后导致相关政策的"零敲碎打",并为日后更科学地制定不同行业的差别化税率提供依据。

二是简化税率档次并适时调整税率。为统筹兼顾服务业和制造业的税负平衡,防止增值税改革后造成新的行业税负不公和企业寻租行为,在简并和统一增值税征收率的基础上,应进一步调减一般纳税人的税率档次,最终将增值税的税率和征收率简化到3档左右。除此之外,全面摸底测算我国货物和劳务不同行业的增值率水平,适当降低标准税率,尽可能保持市场主体适度的税负水平,避免"营改增"全覆盖后形成新的增值税一税独大,为提高直接税占税收收入比重的相关改革腾挪出空间,也为推进税收治理现代化、提升现代国家能力(state capacity)[1]奠定基础。

三是适当降低增值税一般纳税人准入门槛。"营改增"试点以来,小规模纳税人比例偏高,而一般纳税人比例过低,不利于增值税以进抵销、消除重复征税的作用发挥。为此,建议适当下调年应税销售额标准,扩大一般纳税人认定范围,使增值税抵扣链条尽可能地延伸衔接,同时也有利于降低税收征管成本。

四是进一步规范增值税减免税项目。尽量减少中间流转环节的免税规定,压缩和规范即征即退、简易征收等优惠项目,促进行业税负公平。

---

[1] 对国家能力的研究,不能仅停留在简单的"强"与"弱"对比上。根据美国经济学教授德隆·阿西莫格鲁(Daron Acemoglu,2014)等的研究,国家能力过强和过弱都会造成资源配置的扭曲,从而阻碍经济发展,国家能力的平衡性至关重要。一个社会保持税收的中间水平有利于实现好的经济结果。因为这样既能鼓励民间投资,也能为政府留下足够的剩余,以激励其提供必要的公共品。

五是逐步实现增值税彻底转型。绝大多数不可移动固定资产的进项税额均应得到抵扣,建立现代型增值税制。

三、进一步完善分税制财政管理体制

第一,改革中央与地方间的收入分配关系和支出责任。在深入调研的基础上,理顺增值税改革全面完成后的政府间财政关系。短期来看,调整增值税的共享分配比例,降低中央的分享比例,上调地方的分享比例。长远来看,统筹相关税种的联动改革,重新设定中央税和地方税,同时,完善中央对地方转移支付制度,加强中央政府在全国统一市场建设、跨区域公共服务提供等方面的支出责任,防止改革的"碎片化",以一揽子方案解决现行财税体制中的弊端。

第二,重建地方税体系。一方面,将消费税划归地方税种。调整消费税征收范围和税率,并将征收环节后移,将部分过度消耗资源、严重污染环境的产品及部分高档消费品等纳入征税范围,给予地方政府更加稳定的预期和激励。另一方面,利用好增值税改革的减税空间,不失时机地推进资源税、环境税费制度改革,充分发挥不同地方税的功能,形成填补地方财力缺口与加快转变发展方式的双重效应。与此同时,加快房地产税立法并适时启动改革,建立综合与分类相结合的个人所得税制,以此推动整个税制结构的优化。

第三,进一步完善税收征管体制。结合政府间收入划分的调整,厘清国税、地税两套税务征管体系的权责。优化税务组织结构,规范简并办税事项。另外,顺应税收征管环境的变化,促进大数据与征管业务的深度融合,不断提升税收治理能力。

四、加快制定增值税法

在我国现行18个税种当中,只有个人所得税、企业所得税、车船税形成了法律制度①,其他税种的立法权长期旁落在行政部门,由全国人大授权给国务院制定暂行法规进行征收,始终未上升到国家立法层面。增值税作为我国现阶段第一大税种,目前依据的是2008年修订后的《增值税暂行条例》。未来应加快增值税的立法进程,制定和出台《增值税法》,这也是深化我国服务业增值税改革的重要一步。

通过增值税立法,落实税收法定原则。一方面合理界定纳税人、课征对象、计税依据、适用税率等税收基本要素,给各类市场主体提供稳定的经营环境和纳税预期;另一方面,进一步明确征纳管理、规范税收优惠,从而有效规范政府的征税权力,推动建立有利于科学发展、成熟定型的税收制度体系。

---

① 1980年9月,五届全国人大三次会议通过了《中华人民共和国个人所得税法》;2007年3月,十届全国人大五次会议通过了《中华人民共和国企业所得税法》;2011年2月,十一届全国人大常委会第十九次会议通过了《中华人民共和国车船税法》。

参考文献

1. Barry Bosworth, Susan M. Collins, 2008. "Accounting for Growth: Comparing China and India", *Journal of Economic Perspectives*, 22.1: 45-66.
2. Barry Eichengreen, Poonam Gupta, 2009. "The Two Waves of Service Sector Growth", NBER Working Paper 14968.
3. Buera, Francisco J., Joseph P. Kaboski, 2009. "The Rise of the Services Economy", NBER Working Paper 14822.
4. Clément Carbonnier, 2007. "Who Pays Sales Taxes? Evidence from French VAT Reforms, 1987-1999", *Journal of Public Economics*, 91:1219-1229.
5. Daron Acemoglu, James Robinson, 2012. *Why Nations Fail: The Origins of Power, Prosperity and Poverty*, New York Crown Business.
6. Daron Acemoglu, Camilo García-Jimeno, James Robinson, 2014. "State Capacity and Economic Development: A Network Approach", NBER Working Paper 19813.
7. Donghyun Park, Kwanho Shin, 2012. "The Service Sector in Asia: Is It an Engine of Growth?" Asian Development Bank Economics Working Paper 322.
8. Fuchs, Victor R., 1965. "The Growing Importance of the Service Industries", *Journal of Business*, 38.4:344-373.
9. Henry Kissinger, 2014. *World Order*, Penguin Press.
10. Ine Lejeune, 2011. "The EU VAT Experience: What Are the Lessons?" *Tax Analysts*, 257-282.
11. John Piggott, John Whalley, 1998. "VAT Base Broadening, Self Supply, and the Informal Sector", *American Economic Review*, 91: 1084-1094.
12. Liu Tao, 2014. "Service industries: Emergence of a dominant sector", *China's Next Decade: Rebuilding Economic Momentum & Balance*, CLSA BOOKS.

13. OECD, WTO, World Bank Group, 2014. "Global Value Chains: Challenges, Opportunities, and Implications for Policy", Report prepared for submission to the G20 Trade Ministers Meeting Sydney, Australia.
14. Singelmann, Joachim, 1978. *From Agriculture to Services: The Transformation of Industrial Employment*, Sage Publications, Beverly Hills.
15. 〔法〕阿格尼丝·贝纳西-奎里、贝努瓦·科尔、皮埃尔·雅克、让·皮萨尼-费里:《经济政策:理论与实践》,徐建炜、杨盼盼、徐奇渊译,何帆校,中国人民大学出版社2015年版。
16. 〔美〕爱德华·格莱泽:《城市的胜利》,刘润泉译,上海社会科学院出版社2012年版。
17. 〔意〕埃内斯托·费利、福里奥·C. 罗萨蒂、乔瓦尼·特里亚:《服务业:生产率与增长》,李蕊译,格致出版社2011年版。
18. 〔英〕安格斯·麦迪森:《世界经济千年史》,伍晓鹰、许宪春、叶燕斐、施发启译,北京大学出版社2003年版。
19. 〔美〕费景汉、古斯塔夫·拉尼斯:《增长和发展——演进的观点》,洪银兴、郑江淮等译,商务印书馆2014年版。
20. 〔美〕弗朗西斯·福山:《落后之源:诠释拉美和美国的发展鸿沟》,刘伟译,中信出版社2015年版。
21. 〔美〕霍利斯·钱纳里、谢尔曼·鲁宾逊、摩西·赛尔奎因:《工业化和经济增长的比较研究》,吴奇、王松宝等译,格致出版社2015年版。
22. 〔瑞典〕简·欧文·詹森:《服务经济学》,史先诚译,中国人民大学出版社2013年版。
23. 〔美〕杰里米·里夫金:《零边际成本社会》,赛迪研究院专家组译,中信出版社2014年版。
24. 〔美〕乔尔·S. 米格代尔:《强社会与弱国家:第三世界的国家社会关系及国家能力》,张长东、朱海雷、隋春波、陈玲译,张长东校,江苏人民出版社2012年版。
25. 〔法〕让-克洛德·德劳内、让·盖雷:《服务经济思想史——三个世纪的争论》,江小涓译,格致出版社2011年版。
26. 〔英〕维克托·迈尔-舍恩伯格、肯尼思·库克耶:《大数据时代》,盛杨燕、周涛译,浙江人民出版社2013年版。
27. 〔美〕维克托·R. 富克斯:《服务经济学》,许微云等译,商务印书馆1987年版。

28. 〔美〕维托·坦茨:《政府与市场:变革中的政府职能》,王宇等译,商务印书馆 2014 年版。
29. 〔英〕约翰·奈特、丁赛:《中国飞速的经济增长》,高剑等译,南开大学出版社 2014 年版。
30. 阿里研究院:《互联网+:从 IT 到 DT》,机械工业出版社 2015 年版。
31. 白景明:"应关注'营改增'促进就业效应",《中国税务报》,2013 年 12 月 13 日。
32. 财税改革课题研究组:"新一轮价税财配套改革的基本思路、主要任务和实施构想",《财政研究》2014 年第 1 期。
33. 财政部财政科学研究所:《中国税收政策报告 2013(营改增:牵一发而动全身的改革)》,中国财政经济出版社 2013 年版。
34. 财政部营改增课题组:《营业税改征增值税指南》,中国财政经济出版社 2013 年版。
35. 陈德铭等:《经济危机与规则重构》,商务印书馆 2014 年版。
36. 陈共:《财政学(第七版)》,中国人民大学出版社 2012 年版。
37. 陈共:"1994 年税制改革及分税制改革回眸与随感",《地方财政研究》2005 年第 1 期。
38. 陈凯:《服务业内部结构高级化研究》,经济科学出版社 2009 年版。
39. 陈若愚、田涛:《中国消费与传媒市场趋势(2014—2015)》,中信出版社 2014 年版。
40. 陈益云、罗卫国:"基于社会生产循环网的增值税抵扣链条研究",《求索》2011 年第 6 期。
41. 陈宗胜:《双重过渡经济学》,天津教育出版社 2005 年版。
42. 程大中:"中国生产性服务业的水平、结构及影响——基于投入—产出法的国际比较研究",《经济研究》2008 年第 1 期。
43. 邓于君:《服务业结构演进:内在机理与实证分析》,科学出版社 2010 年版。
44. 高培勇:《"十二五"时期的中国财税改革》,中国财政经济出版社 2010 年版。
45. 高培勇:《财税体制改革与国家治理现代化》,社会科学文献出版社 2014 年版。
46. 高培勇:"逐步提高直接税比重宜与'营改增'扩围同步推进",《中国财经报》,2013 年 12 月 10 日。

47. 高培勇:"论完善税收制度的新阶段",《经济研究》2015年第5期。
48. 龚辉文:"增值税标准税率不宜降低的几点考虑",《中国税务报》,2013年2月20日。
49. 国务院发展研究中心课题组:《中国新型城镇化:道路、模式和政策》,中国发展出版社2014年版。
50. 韩绍初:《改革进程中的中国增值税》,中国税务出版社2010年版。
51. 何德旭、夏杰长:《服务经济学》,中国社会科学出版社2009年版。
52. 何骏:"上海增值税改革对现代服务业的影响测算及效应评估",《经济与管理研究》2012年第10期。
53. 何廉、李锐:《财政学》,商务印书馆2011年版。
54. 胡怡建:《2013中国财政发展报告——促进发展方式转变"营改增"研究》,北京大学出版社2013年版。
55. 胡怡建、李天祥:"增值税扩围改革的财政收入影响分析——基于投入产出表的模拟估算",《财政研究》2011年第9期。
56. 江小涓等:《服务经济——理论演进与产业分析》,人民出版社2014年版。
57. 江小涓、李辉:"服务业与中国经济:相关性和加快增长的潜力",《经济研究》2004年第1期。
58. 经济合作与发展组织:《OECD互联网经济展望(2012)》,张晓译,上海远东出版社2013年版。
59. 来有为、刘涛:"促进生活性服务业提质增效升级",《经济日报》,2015年5月21日。
60. 李江帆、曾国军:"中国第三产业内部结构升级趋势分析",《中国工业经济》2003年第3期。
61. 李克强:"一个传统而新奇的经济部门——读富克斯的《服务经济学》",《管理世界》1990年第4期。
62. 李克强:"关于深化经济体制改革的若干问题",《求是》2014年第9期。
63. 李强:《中国服务业统计与服务业发展》,中国统计出版社2014年版。
64. 李善同:"中国生产性服务业:内容、发展水平与内部结构——基于中国1987~2002年投入产出表的分析",国务院发展研究中心《调查研究报告》第34号(总2880号),2007年4月16日。
65. 李善同、高传胜等:《中国生产者服务业发展与制造业升级》,上海三联书店 2008 年版。
66. 李炜光:《权力的边界:税、革命与改革》,九州出版社 2015 年版。
67. 李晓西:《宏观经济学(中国版)》,中国人民大学出版社 2005 年版。
68. 李晓西:《中国:新的发展观》,中国经济出版社 2009 年版。
69. 李晓西:《时代变迁中的求索与呐喊——改革开放 30 年回顾思考》,北京师范大学出版社 2010 年版。
70. 李扬、张晓晶:"'新常态':经济发展的逻辑与前景",《经济研究》2015 年第 5 期。
71. 厉以宁、石军等:《中国经济改革警示录》,人民出版社 2013 年版。
72. 李勇坚、夏杰长等:《制度变革与服务业成长》,中国经济出版社 2009 年版。
73. 李志辉:"发达国家增值税的国际比较",《南开经济研究》1996 年第 5 期。
74. 林毅夫:《新结构经济学:反思经济发展与政策的理论框架(增订版)》,苏剑译,北京大学出版社 2014 年版。
75. 刘丹鹭:《服务业生产率与服务业发展研究》,经济科学出版社 2013 年版。
76. 刘鹤:《两次全球大危机的比较研究》,中国经济出版社 2013 年版。
77. 刘尚希、孙复兴:"中国增值税征收范围的中长期选择",《管理世界》1998 年第 2 期。
78. 刘世锦:"加快中高级生产要素的市场化改革进程",国务院发展研究中心《调查研究报告》第 218 号(总 3749 号),2010 年 12 月 20 日。
79. 刘世锦:"'新常态'下如何处理好政府与市场的关系",《求是》2014 年第 18 期。
80. 刘世锦等:《陷阱还是高墙?中国经济面临的真实挑战和战略选择》,中信出版社 2011 年版。
81. 刘涛:"服务业:初露端倪的主导产业",载刘世锦《中国经济增长十年展望(2013—2022):寻找新的动力和平衡》,中信出版社 2013 年版。
82. 刘涛:"服务业:规模领先后的高质量增长",载刘世锦《中国经济增长十年展望(2014—2023):在改革中形成增长新常态》,中信出版社 2014 年版。
83. 刘涛:"服务业:半壁江山更需效率驱动",载刘世锦《中国经济增长十年展望(2015—2024):攀登效率高地》,中信出版社2015年版。
84. 刘涛:"只在国有经济框架内发展服务业不可取——对加快我国服务业市场主体多元化的思考",《中国经济导报》,2012年2月2日。
85. 刘涛:"稳步推进'营改增'试点双扩围的政策建议",国务院发展研究中心《调查研究报告择要》第122号(总第2116号),2013年8月26日。
86. 刘涛:"绿色发展背景下我国城市服务业的发展现状与政策建议",国务院发展研究中心《调查研究报告》第94号(总4779号),2015年7月13日。
87. 刘佐:《2015年中国税制概览(第19版)》,经济科学出版社2015年版。
88. 隆国强等:《大调整时代的世界经济》,中国发展出版社2013年版。
89. 楼继伟:《中国政府间财政关系再思考》,中国财政经济出版社2013年版。
90. 楼继伟:《深化财税体制改革》,人民出版社2015年版。
91. 卢中原:《改革时代的经济学思考》,人民出版社2006年版。
92. 卢中原:《全球视野下的中国经济》,中国发展出版社2009年版。
93. 卢中原:《世界产业结构变动趋势和我国的战略抉择》,人民出版社2009年版。
94. 卢中原:《减速 转型 前景——卢中原谈经济转型》,商务印书馆2014年版。
95. 马化腾:"关于以'互联网+'为驱动推进我国经济社会创新发展的建议",《互联网前沿》2015年第1期。
96. 马骁、周克清:"建立现代财政制度的逻辑起点与实现路径",《财经科学》2014年第1期。
97. 裴长洪、杨志远、刘洪愧:"负面清单管理模式对服务业全球价值链影响的分析",《财贸经济》2014年第12期。
98. 彭文生:《渐行渐远的红利——寻找中国经济新平衡》,社会科学文献出版社2013年版。
99. 平新乔、张海洋、梁爽、郝朝艳、毛亮:"增值税与营业税的税负",《经济社会体制比较》2010年第3期。
100. 任兴洲:《建立市场体系——30年市场化改革进程》,中国发展出版社2008年版。

101. 任兴洲、刘涛:"发展生产性服务业　促进产业转型升级",《经济日报》,2014 年 9 月 6 日。
102. 任兴洲、王微:《服务业发展:制度、政策与实践》,中国发展出版社 2011 年版。
103. 任兴洲、王微、王青等:《新时期我国消费新增长点研究》,中国发展出版社 2014 年版。
104. 商务部外国投资管理司:《中国外商投资报告:政策与环境》,南开大学出版社 2013 年版。
105. 世界银行和国务院发展研究中心联合课题组:《2030 年的中国:建设现代、和谐、有创造力的社会》,中国财政经济出版社 2013 年版。
106. 孙海明、孙海刚:《现代服务业产业组织研究》,上海财经大学出版社 2007 年版。
107. 谭崇钧、蒋震:"增值税改革:问题与建议",《财政研究》2013 年第 10 期。
108. 谭崇台:《发达国家发展初期与当今发展中国家经济发展比较研究》,武汉大学出版社 2008 年版。
109. 谭文君、文照明、杨志远:"新兴生产性服务要素需求上升:我国服务贸易逆差扩大的新特征",《国际贸易》2014 年第 4 期。
110. 谭郁森、朱为群:"增值税改革的税率选择",《税务研究》2013 年第 1 期。
111. 佟家栋、刘程:"国际经济保护主义与经济全球化的调整期",《南开学报(哲学社会科学版)》2013 年第 2 期。
112. 王保安:"深化税制改革",载《〈中共中央关于全面深化改革若干重大问题的决定〉辅导读本》,人民出版社 2013 年版。
113. 王敬峰、樊明太:"我国增值税及其对 CGE 模型价格体系的影响机理——兼论标准 CGE 模型研究增值税效应的拓展",《数量经济技术经济研究》2012 年第 12 期。
114. 王军:"营改增:打造中国经济升级版的一项重要战略举措",《求是》2013 年第 14 期。
115. 王梦奎:《中国中长期发展的重要问题(2006—2020)》,中国发展出版社 2005 年版。
116. 王微、刘涛:"'十二五'时期中国服务业发展的战略思路与政策选择",《中国经济报告》2011 年第 1 期。

117. 王微、刘涛:"促进快递业'营改增'试点的政策建议",国务院发展研究中心《调查研究报告择要》第5号(总第1999号),2013年1月24日。
118. 王微、刘涛:"加快推动我国物流创新发展的基本思路",国务院发展研究中心《调查研究报告》第42号(总4727号),2015年4月7日。
119. 王耀中、陈洁:"鲍莫尔—富克斯假说研究新进展",《经济学动态》2012年第6期。
120. 魏礼群、林兆木、张占斌等:《从经济大国迈向经济强国》,人民出版社2015年版。
121. 魏陆:"服务业发展与我国货物和劳务税制改革",《中南财经政法大学学报》2010年第4期。
122. 吴敬琏:《中国增长模式抉择(第4版)》,上海远东出版社2013年版。
123. 夏杰长、管永昊:"'营改增'之际的困境摆脱及其下一步",《改革》2013年第6期。
124. 夏杰长、李勇坚、刘奕、霍景东:《迎接服务经济时代来临——中国服务业发展趋势、动力与路径研究》,经济管理出版社2010年版。
125. 肖捷:"继续推进增值税制度改革——完善有利于结构调整的税收制度",《经济日报》,2012年3月30日。
126. 许宪春:"中国服务业核算及其存在的问题研究",《经济研究》2004年第3期。
127. 许正:《工业互联网:互联网+时代的产业转型》,机械工业出版社2015年版。
128. 杨斌:"论税收治理的现代性",《税务研究》2010年第5期。
129. 杨丹辉、王子先:《服务外包与社会服务业开放式发展战略》,经济管理出版社2014年版。
130. 杨默如:《中国增值税扩大征收范围改革研究——基于营业税若干税目改征增值税的测算》,中国税务出版社2010年版。
131. 原毅军:《服务创新与服务业的升级发展》,科学出版社2014年版。
132. 张琰:《生产性服务业创新问题研究:基于产业链协同创新的视角》,复旦大学出版社2012年版。
133. 张志超:《现代财政学原理》,南开大学出版社1999年版。
134. 郑永年:《中国模式——经验与困局》,浙江人民出版社2010年版。
135. 中共中央文献研究室:《习近平关于全面深化改革论述摘编》,中央文献出版社 2014 年版。
136. 中国国际税收研究会:《现代服务业税收政策研究》,中国税务出版社 2013 年版。
137. 周其仁:《改革的逻辑》,中信出版社 2013 年版。
138. 周振华:《营业税改征增值税研究》,格致出版社 2013 年版。

后记

本书是在我主持的国务院发展研究中心2013年副研以上招标课题"推进我国服务业增值税改革的政策研究"以及开展的多项服务业研究课题基础上修改完成的。这其中，既有领导交办的任务，也有自主选题的研究；既有涉及制度和政策层面的研究，也有关于发展思路和重点的研究；既有宏观范畴的发展规律分析和国际比较，也有典型行业及新兴业态的研究；既有站在国家层面的战略研究，也有服务地方发展的对策研究。这几年下来，我深感服务业是一座"富矿"，惟"以勤补拙"方能有所获，本书可以说是我个人研究工作的阶段性总结。

在本书定稿之际，我要衷心感谢我的博士生导师卢中原教授和李晓西教授。两位恩师一心向学、三折其肱、五车腹笥，给予了我悉心指导和热切关注。特别是卢老师在拙作付梓之际欣然拨冗作序，奖掖之情甚为感激！同时，我要特别感谢我所在的国务院发展研究中心市场经济研究所的任兴洲所长和王微、邓郁松副所长，他们为我提供了很好的研究平台，并鞭策我在研究上深耕细作、厚积薄发。另外，我也要感谢中国社会科学院财经战略研究院李勇坚研究员和蒋震副研究员、北京邮电大学经济管理学院刘宇教授，他们为本书的完成提供了重要支持。

借此机会，我要向多年来给予我很多帮助的各位"亲"们表示诚挚谢意。他们是：北京师范大学赵峥博士、中国浦东干部学院郭彦英博士、国家电网北京市电力公司董晓宇博士、国家信息中心唐斯斯博士、商务部国际贸易经济合作研究院俞华博士、中国人民大学张晨博士、中国五矿集团公司沈杰博士、天津财经大学乔时博士、中国社会科学院王振霞博士、西南财经大学张亮亮博士、中国人事科学研究院田永坡博士、中国东方资产管理公司孙春雷博士、大成基金管理有限公司张喜鹏先生、阿里巴巴集团苏晶女士。我还要感谢商务印书馆学术出版中心为本书的编辑出版付出的心血。最后，感谢我的家人，她们默默的陪伴和不计较物质的态度，给了我最大限度的包容，一直激励着我不断努力。

"天降大任于一个年代，成就一代人的伟大，那一代人可以是你"，这是被誉为"南非之魂"的纳尔逊·曼德拉的一句名言。对于浸身在这样一个新鲜事物层出不穷的时代，从事政策研究工作无疑是幸运也是有压力的，我将驰而不息、力学笃行！

刘涛

2015 年 8 月 23 日于北京